솔로몬도 웃고 갈
세계 엉뚱 법률 사전

SEKAI NO TONDEMO HOURITSU SYU
ⓒ NORIO MORITA 2007
Originally published in JAPAN in 2007 by CHUOKORON-SHINSHA INC.
Korean translation rights arranged through TOHAN CORPORATION, TOKYO.,
and YU RI JANG LITERARY AGENCY, SEOUL.

이 책의 한국어판 저작권은 유리장 에이전시를 통한 저작권자와의 독점 계약으로
서해문집에 있습니다. 저작권법에 의해 한국 내에서 보호를 받는 저작물이므로
무단 전재와 복제를 금합니다.

솔로몬도 웃고 갈 세계 엉뚱 법률 사전

초판 1쇄 인쇄 2010년 1월 25일
초판 1쇄 발행 2010년 1월 30일

지은이 모리타 노리오 | **옮긴이** 한상미
펴낸이 이영선 | **펴낸곳** 로코코북
출판등록 1989년 3월 16일 (제406-2005-000047호)
주소 경기도 파주시 교하읍 문발리 파주출판도시 498-7 | **전화** (031)955-7470 | **팩스** (031)955-7469
홈페이지 www.booksea.co.kr | **이메일** booksea21@hanmail.net

ISBN 978-89-7483-413-5 03000
값은 뒤표지에 있습니다.

로코코북은 도서출판 **서해문집**이 실사구시의 마음을 담아 펴내는 실용출판 전문 브랜드입니다.

이 도서의 국립중앙도서관 출판시도서목록(CIP)은 e-CIP 홈페이지(http://www.nl.go.kr/ecip)에서
이용하실 수 있습니다.(CIP제어번호: CIP2009004141)

솔로몬도 웃고 갈
세계 엉뚱
법률 사전

모리타 노리오 지음
조양순 그림 | 한상미 옮김

RoCoco book
로코코북

머리말

빵빵 터지는 엉뚱한 법률 속으로 빠져봅시다!

"주부가 깔개 밑에 먼지를 숨겨두면 위법이다." -미국

"이륙 중인 비행기에 갑자기 탑승해서는 안 된다." -캐나다

"성희롱을 할 때는 사전에 허락을 받아야 한다." -미국

"악어를 소화전에 묶어두어서는 안 된다." -미국

"여성은 금니를 하면 안 된다." -투르크메니스탄

  이 조문들은 모두 실존하는 엄연한 법률들이다.

  말도 안 된다며 딴죽을 걸고 싶은 것들도 있고, 일반적인 상식으로는 상상조차 할 수 없는 것들도 있다. 그러나 이러한 법률들은 각 나라의 국민성과 특성이 녹아 있는, 사람들의 생활 속 단편일 뿐이다.

  예를 들어, 일본에서는 여름의 상징이며 누구나 편의점에서 살 수 있는 불꽃놀이용 폭죽 구입이 미국의 여러 지역에

서는 위법이라고 한다. 만일 차 안에서 불꽃놀이용 폭죽이 발견되면 일본에서 각성제를 숨겨두었다가 발각된 경우와 똑같이 취급해 체포된다. 언뜻 보면 이상한 법률이지만 거기에도 이유는 있다. 폭죽이 터질 때 나는 팡팡 소리가 총의 발포음과 혼동되기 때문이란다. 듣고 보니 납득이 가는 법률이다.

나치 독일이 개발한 신경가스 사린은 일본 옴진리교 지하철 테러사건에 이용된 뒤, 1995년 만들어진 '사린방지법'에 의해 법에 저촉되는 물질이 되었다. 그러나 사실 일본에서는 그전까지 사린을 소지하는 것이 합법적인 일이었다. 누구나 아무 때나 지녀도 상관이 없었다는 말이다. 특수 연구소 등을 제외하고는 실제로 소지하고 있는 사람도 별로 없었겠지만.

그때까지 합법적이었던 것을 갑작스레 불법으로 바꾸었기 때문에 과도기적 조치로 "만일 소지하고 있는 사람이 있을 경우 경찰에 그 수량을 보고해야 하며, 앞으로는 정해진 방법으로 폐기할 것임"이라는 조항을 명기했다. 만일 지하철 사린 테러사건이 없었더라면 사린이라는 말은 평생 들을 일도 없었을 것이고 그와 관련된 법률조차 생기지 않았을 것이다.

하나의 사건이 발단이 되어 만들어진 법률 가운데는 사린

방지법과 같이 반대 의견 하나 없이 만장일치로 제정된 것이 있는 반면, 하나의 사건에 너무 과민 반응해 만든 것 아니냐는 말을 듣는 것도 있다. 예를 들어 "체중이 40~90킬로인 여성이 수영복을 입고 걸을 때에는 경찰관 두 사람의 보호를 받아야 한다"(미국 켄터키 주)는 조례가 그렇다. 수영복을 입은 여성이 습격을 받은 사건이 계기가 되어 조례로 만들어진 듯한데, 대체 이 체중의 범위는 어떤 기준으로 정해진 것일까? 어차피 조례로 정할 거라면 모든 여성을 대상으로 하는 게 보다 합리적이었을 텐데, 그렇게 하기에는 경찰관 수가 부족했기 때문이었을까? 아니, 실은 그보다도 조례화한 것까지는 좋은데 현재 제대로 지켜지고는 있는지 궁금하다.

그 밖에 독재자나 절대 권력자가 마음대로, 그것도 갑작스럽게 법률을 만든 경우도 많다. 투르크메니스탄에서는 대통령이 자신의 건강을 우려해 갑자기 담배를 끊었다는 이유로 "흡연은 위법"이라는 법률이 실재하고 있다.

우리가 당연하게 여기고 있는 가치관 때문에 다른 나라의 생활 모습이나 가치관들을 정말 말도 안 되는 것으로 여기고 있는 것은 아닌지, 아니면 그 반대로, 지금 우리 자신의 기이한 모습이 여러 법률 속에 투영되어 있는 건 아닌지 등의 질문을 해보며 이 책을 썼다.

'엉뚱한 법률'의 대부분은 다른 나라 이야기다. 미국 얘기가 특히 많고, 나머지는 이슬람권이나 유럽, 아시아와 세계 각지에 걸친 이야기다. 이색적인 일본인론으로도 읽을 수 있도록 이런 '엉뚱한 법률'과 비슷한 일본의 조례나 사건은 없는지, 만일 일본이라면 어떻게 다루고 있는지에 대해서도 기재해 두었다.

또한 이 책은 법률 전문서가 아니라 어디까지나 세계의 법률 사정을 친숙하게 느끼게 하기 위해 만든 책이므로 법 조문 번역은 가능한 한 알기 쉽게 쓰고자 노력했고 그렇기에 반드시 직역은 아님을 밝혀둔다.

'엉뚱한 법률'로 보이는 것들이 사실 어떤 배경으로 만들어졌는지, 누가 만들었는지, 만들어진 당시는 물론 지금까지 유효한지 군데군데 해설을 섞어가며 이야기하겠지만, 독자 여러분께서 다양한 상상력을 발휘해 읽는다면 더 많은 즐거움을 얻을 수 있을 것이다.

자, 그럼 가벼운 마음으로 책장을 넘겨 수많은 엉뚱한 법률 속으로 빠져 보자.

차례

머리말 _4

1장
이런 법률, 지킬 수 있겠습니까?

독재자의 변덕 _15

껌 좀 씹던 사람들은 싱가포르에서 조심할 것 _18

체온이 조금이라도 높은 사람은 주의하세요 _20

아직도 플라스틱을 먹어요? _23

법은 여성을 싫어하나? _25

당신은 이제 죽어서는 안 된다 _27

당신은 이미 죽은 사람! _30

저도 연애하고 싶어요 _32

우리집 돼지는 '나팔레옹' _35

신사의 나라에서 노상방뇨 하는 방법 _37

세계에서 가장 빠른 할머니 _40

초등학생이라도 당당히 담배를 즐길 수 있는 자유 _42

항상 생글생글 웃는 것도 꺼림칙하긴 해 _44

방귀 한 번으로 인생이여 안녕 _47

대나무 장대 가게가 번성하는 이유 _50

법도 극한에 다다르면 이렇게까지 된다 _52

웃음 나는 판결도 있다 _54

국가 VS 달 토지 판매업자 _57

우주전쟁을 해서는 안 된다 _59

2장

한 곳의 상식, 다른 곳에선 비상식?!

패션이냐, 징역이냐 _65

이것이야말로 진정한 순애보 경쟁 _68

피카추는 이슬람의 적? _70

정부도 징역에 처하라 _73

눈을 소중히 _75

개기일식을 목빠지게 기다린다 _77

자기 집에서도 안심할 수 없는 이유 _79

대통령의 신앙은 어떠신가 _81

이슬람 국가의 은행들은 무얼 먹고 사나? _83

자는 사람은 범죄자 _85

일요일이 왠지 모르게 쓸쓸한 이유 _88

부드러워진 21세기 마녀사냥 _90

요술공주 샐리도 범죄자? _92

결투는 무인도에서 _94

신앙은 위대하다 _96

3장

나라가 다르면 법도 다르다

가면라이더, 체포되다! _101

물리적으로 불가능한 것이라도 법조문으로는 가능하다 _104

불가능을 가능케 하는 조례 _106

경찰들에게는 다가갈 수 없다 _108

무법 경찰은 헬로키티로 징계한다 _110

발에게 자유를! _113

수단과 방법을 가리지 않고서라도… _115

모래를 가져가서 죄송합니다 _117

확실히 죄라고 생각하는 사람도 있지만 _119

세세한 것보다 두르뭉술한 게 나을 듯 _122

결혼도 나라의 사정에 따라? _124

사랑은 지구를 멸망시킨다 _126

그 고장의 풍습은 어쩔 수 없다 _129

집행유예도 나라마다 그 용도가 다르다 _132

4장
성인 법률 교실

세상에서 가장 서러운 세금 _137

당신들의 잔머리에 존경을… _140

금지된 장난감 _142

미국 웨스트버지니아에서 불륜이란? _144

초야권이라는 게 있었다 _147

당신은 세계 평균입니까? _149

상식을 넘는 방법이란? _151

짧은 여가도 아까워하며 사랑을 나누는 것도 멋지기는 하지만 _153

성행위는 정해진 장소에서 _155

애매와 엄격 사이 _157

검사할 게 따로 있지… _159
아래가 보이고 위가 안 보이는 경우도 있지만 _162
하여튼 남자들이란 _164
그걸 볼 수 있는 사람은 몇 명입니까? _166

5장

법은 동물을 사랑하나?

개 팔자도 편하지가 않아! _171
키우는 사람도 괴롭다 _174
어떤 개들의 팔자 _176
견원지간, 묘견지간 _178
모래뿐만이 아니라 개와 고양이까지 _180
자동차 운전에 부디 조심해 주시길 _183
대기업 수준의 애니멀 폴리스 _185
비둘기, 그 불편한 진실이란? _187
집오리도 키우는 법이 정해져 있다 _190
눈을 마주쳐서는 안 되는 애완동물 _192
들소 한 무리의 음모 _195
징그러운 벌레도 위법적인 존재다 _197
이 맛있는 고기를… _199
고래가 바다에 사는 이유 _201
지바 현에서 발생한 호랑이 소동 _204

맺음말 _206

이런 법률,
지킬 수 있겠습니까?

독재자의 변덕

> **여성은 금니를 해서는 안 된다.**
> - 투르크메니스탄 여성 금니 금지법 -

'중앙아시아의 북한'이라고 불리는 투르크메니스탄은 2006년까지 니야조프 대통령(2006년 사망)이 완전 독재를 펼치고 있던 나라로 유명하다. '국경 없는 기자단'이 선정한 '세계 언론자유 랭킹'에서 세계에서 두 번째로 언론의 자유가 없는 나라로 뽑혔다.(1위는 북한)

이 나라에서는 아무런 절차 없이 대통령 마음대로 법을 정할 수 있었는데, 그렇게 생긴 법률 중 하나가 '여성 금니

금지법'이다. 대통령이 단지 '여성들에게는 금니가 어울리지 않는다'고 생각한 것이 그 이유였다.

수도에는 50미터마다 대통령 동상이 세워져 있고, 1년 열두 달은 '1월, 2월, 3월…'이 아니라 대통령 친족의 이름을

붙여서 불렀다. 또한 대통령이 담배를 끊자마자 '전국 담배 금지령'이 내려지는 등 대통령 하고 싶은 대로 하는 나라였다.

'금니를 금지'하는 나라는 투르크메니스탄 말고도 한 나라가 더 있다. 타지키스탄이 그렇다. 그런데 이 나라는 여성이 아니라 공무원이 금니를 하면 안 된다. 대통령 말에 따르면 "금니를 잔뜩 채워 넣은 입으로 나라의 빈곤함을 호소하면 그 어떤 나라도 믿어주지 않을 것이기 때문"이란다.

껌 좀 씹던 사람들은
싱가포르에서 조심할 것

싱가포르에 입국할 때 껌을 반입해서는 안 된다.
- 싱가포르 수입 및 수출 규제 -

싱가포르에 껌을 반입했을 때 받게 되는 최고형은 징역 2년이다. 원래 껌 자체가 법에 저촉되기 때문에 매우 엄격하게 단속하고 있다. 참으로 예의범절이 엄격한 나라다.

이와 같이 상식적으로 이해되지 않는 법률이 또 있다.

게임 기능이 탑재된 휴대전화 반입은 위법이다.

- 그리스 전자게임 금지법 -

2002년 그리스는 휴대 게임기 반입을 금지하는 법률을 제정했다. 원래는 전자게임을 이용한 불법 도박 금지가 목적이었지만, 도박 행위의 유무와는 상관없이 모든 전자 게임을 금지하게 되었다. 법을 위반하면 수십만 엔에서 100만 엔의 벌금형 또는 1년 이하의 징역에 처해진다. 게임기만이 아니다. 그리스에서는 컴퓨터에 게임이 들어있는 것도 위법이다. 그리스를 방문한 외국인 가운데 위반자가 속출해 EU(유럽연합)에서 경고를 했지만 단속은 계속되었다. 얼마 후 가정용 게임은 합법화되었지만 일반 PC방이 이 법으로 적발되는 등 지금도 혼란은 계속되고 있다.

체온이 조금이라도
높은 사람은 주의하세요

체온이 높은 외국인의 입국을 금지한다.

– 북한 인민건강법 –

지지時事통신은 2007년 7월 16일 중국 국가품질 감독검사 검역총국이 자국민에게 "체온이 37도를 넘을 경우 북한에 입국하지 말라"고 당부했다고 보도했다.

어째서 체온이 37도를 넘으면 입국하지 말라고 했을까?

공식적인 발표가 없기 때문에 그 진짜 이유는 모른다. 아무래도 당시 북한에서 홍역이 유행하고 있었기 때문에 다른 나라에서 전염병이 들어오는 것을 예방하고자 취한 조치인 듯하다. 다만 "체온이 37도를 넘는 외국인은 입국할 수 없다"고 확실하게 명문화된 법률이 생긴 건 아니다. 아마도 북한 인민건강법 제17조에 "국가는 인민이 질병에 걸리지 않도록 미리 대책을 세우는 것을 자기 활동의 중요한 임무로 여기고 인민보건사업에서 예방을 우선하며 이에 주력할 것"이라고 정해놓은 것 등을 근거로 하고 있을 것이라 생각된다.

그런데 구체적으로는 어떻게 확인을 하고 있는 것일까? 공항 심사 때 입국자 전원을 하나하나 체온계로 재는 것일까? 성격이 소심한 필자의 경우, 오히려 너무 긴장해서 체온이 올라가 버릴 것 같다.

아직도 플라스틱을 먹어요?

음식점에서 손님이 주문하지 않는 이상, 테이블 버터를 대신해 색소가 들어 있는 마가린을 내놓는 것을 금지한다.
– 미국 위스콘신 주법 –

일본에서는 현을 상징하는 새나 꽃이 조례로 정해져 있다. 도쿄의 경우 나무는 은행나무, 새는 붉은부리갈매기, 꽃은 왕벚나무꽃이다. 그러나 미국은 주마다 '주 음료수'까지 자세히 정해져 있다. 게다가 많은 주에서 음료수는 우유, 가축은 젖소로 정해놓았다. 그만큼 소는 미국인들에게 친숙한 동물이다.

위스콘신 주는 낙농이 발달해 미국 최고의 버터 생산량을 자랑한다. 그래서 우유로 만든 버터를 장려하고 식물유로 만든 마가린은 기피하고 있다. 더욱이 2003년 7월에는 미 식품의약국FDA이 "마가린의 주성분인 트랜스지방산을 과잉 섭취하면 건강을 해칠 우려가 있다"며 식품 업계에 대해 트랜스지방산을 포함하고 있는 식품에 대한 표시를 의무화한다고 발표했다. 이로 인해 미국인들 사이에는 '마가린은 몸에 나쁘다'는 인식이 널리 확산되었고 규제도 생겨났다.

이제 서양인들에게 마가린은 '먹는 플라스틱' 취급을 받는다. 2년 전에 미국에 갔을 때 호텔에서 빵에 버터를 바르는 것은 귀찮아 마가린은 없냐고 묻자, 일본에서는 아직도 그렇게 몸에 나쁜 것을 먹느냐며 오히려 그쪽에서 놀라는 것을 보았다.

법은 여자를 싫어하나?

> 50세를 넘은 여성이 20세 이상의 기혼 남성과
> 도로에서 이야기하는 것을 금지한다.
> – 미국 사우스다코타 주법 –
>
> 체중이 200파운드(약 90.6킬로그램)를 넘는 여성은
> 짧은 반바지 차림으로 말을 타서는 안 된다.
> – 미국 일리노이 주 거니 조례 –

《사람은 죽으면 쓰레기가 된다》 등 많은 저서로 잘 알려져 있고, 검찰총장까지 지낸 이토 시게키 씨가 쓴 《속아 넘어가는 검사》에는 이런 이상한 조례가 소개되어 있다. 이 조례를 조사하게 된 이토 씨도 어떻게 이런 법률이 생겼는지 이해가 안 간다고 했다.

일본에도 '말을 거는 일을 금지하는' 법이 제정된 적이 있다. 2004년 11월, 나라 시에서 초등학교 1학년 여학생이 귀

가 도중 납치돼 살해당한 사건이 있었다. 이 사건을 계기로 나라 현은 '아이들을 범죄의 피해로부터 지키는 조례'를 제정해 다음 해인 2005년 7월부터 시행했다. 그 내용 중에 다음과 같은 조항이 있었다.

어린이들을 불안하게 하는 행위 금지

공공장소에서 보호자의 보호를 받을 수 없는 상황에 있는 어린이를 정당한 이유 없이 감언이설로 유혹하거나 거짓말로 속여서는 안 된다. (요약)

이 내용을 두고 일부에서는 "아이에게 인사만 했을 뿐인데 체포되느냐?" "의욕만 앞서 만든 조례다" 등의 비난을 하기도 했다.

당신은 이제 죽어서는 안 된다

시민들이 죽는 일을 금지한다.
– 브라질 비리티바 미링 시 시장이 입법화를 제안 –

프랑스 남부에 위치한 르 라방두 마을에서도 촌장 베르나르디 씨가 마을 주민이 죽는 것을 금지하는 명령을 내렸다고 보도된 예가 있지만, 브라질 쪽이 조금 더 정교하다. 그 이유는 "죽는 게 위법이라 한들 죽은 사람에게 벌금을 받을 수도 없는 노릇이고, 죽은 사람을 체포할 수도 없는 노릇인데 어떻게 할 거냐"는 의문에 대해서도 답을 해주고 있기 때문이다.

　대답은 "이 법률을 위반했을 경우 그 친족들에게 책임을 물을 것"이다. 프랑스의 르 라방두 마을에서는 "죽음을 금지한다"고 발표는 했지만 이에 대한 처벌 규정은 없다. 한편 미링 시장은 건강에 유의하지 않는 시민들에게도 적용하는 법률을 함께 제안했다.

　어찌되었든 두 법률 모두 묘지 용지의 부족 현상이 심각

하기 때문에 생긴 것이다. 우리가 살고 있는 지구는 한계가 있다. '죽기 전에 우리 주변이 묘지 천지가 될 것'이라고 생각해 보지 않은 사람은 없을 것이다. 묘지 부족은 지구온난화와 마찬가지로 세계적으로 심각한 문제다.

당신은 이미 죽은 사람!

죽은 사람은 재산을 가질 권리가 없다.

– 인도 호적법 –

버젓이 살아있는데도 '죽은 사람' 취급을 당한 사람이 있다. 조카의 재산(주로 토지)을 가로챌 목적으로 숙부가 공무원에게 뇌물을 주고 조카를 '죽은 사람'으로 만든 것이다. 1976년, 인도의 농부 랄 비하라 씨는 대출을 신청하러 갔다가 자신이 법적으로 죽은 사람이라는 사실을 알게 되었다.

상식적으로 생각해 보면 생존이 확인된 시점에서 숙부에게 책임을 묻고, 랄 씨의 호적은 다시 수정되어 '살아났다!'

며 축하하고 끝났을 것이다. 그러나 인도 관청은 랄 씨의 주장을 받아들이지 않았고 이후에도 그는 계속 '죽은 사람' 취급을 당했다. 졸지에 유명인사가 된 랄 씨는, 비록 낙선하기는 했지만 1989년 대선에 입후보하기까지 했다.

사실 인도에서는 이와 같은 사건들이 비일비재해 랄 씨와 같이 사망 선고를 받아 재산을 빼앗긴 '죽은 사람'들이 많다. 그들은 사망 선고 철회와 재산 회복을 외치며 '죽은 사람들의 모임'을 결성하기도 했다.

랄 씨는 자신이 이미 '죽었다'는 사실을 알게 된 지 18년 만인 1994년이 되어서야 '아직 살아 있다'는 것을 정부로부터 인정받을 수 있었다. 2003년에는 '죽은 사람들의 모임'에서의 활동을 인정받아 이그 노벨 평화상(하버드대학 과학 잡지인 《애널스 오브 임프로버블 리서치(AIR)》가 수여하는 상으로 기발하고 획기적인 업적을 대상으로 함)을 받기도 했다.

그건 그렇다 치더라도 어떻게 대선에 입후보까지 할 수 있었을까?

저도 연애하고 싶어요

가문 좋고 용모 단정하며 계급이 같은 구혼자가 나타난다면,
아버지는 설령 딸이 결혼 적령기가 아니더라도 규정에 따라
딸을 결혼시킬 의무가 있다. 스스로 남편을 고른 소녀는
부모 혹은 형제에게 받은 어떤 장식품도 가져가서는 안 된다.
만일 가지고 갔을 경우 절도에 해당한다.

― 인도 마누법전 제9장 ―

마누법전이 만들어진 건 BC 200~AD 200년으로 아주 오래전이었다. 까마득히 먼 옛날 만들어진 이 인도 법전 안에 이미 '명예훼손' '계약 불이행' '심리 방법' 등이 명문화되어 있었다. 다만 오늘날의 관점에서 보면 위의 예와 같이 남존여비가 매우 심했고, 여성은 결혼 상대를 고를 자유가 거의 없었던 듯하다. 참고로 법전 안에서 말하는 '딸의 결혼

적령기'는 겨우 열두 살이었다.(여덟 살이라는 설도 있다)

일본도 메이지 시대까지 연애결혼은 거의 없었으며 부모가 정한 약혼자와 결혼하는 것이 보통이었다. 필리핀에는 지금도 다음과 같은 법률이 있다.

21세 이상 25세 미만의 혼인 당사자들은 부모 또는 후견인에게 혼인에 대한 조언을 구해야 한다. 이러한 조언을 구할 수 없을 경우 (중략) 혼인허가증은 그것을 신청한 날로부터 3개월이 지나기 전까지 발행해서는 안 된다.

– 필리핀 가족법 제15조 –

우리집 돼지는 '나팔레옹'

돼지의 이름을 '나폴레옹'이라고 해서는 안 된다.
– 프랑스 법 –

이런 법을 만들면 "우리집 돼지는 아무도 몰래 나폴레옹이라고 지었지" 하며 오히려 그렇게 이름을 붙여주고 싶어 안달하는 사람들이 더 많아지지 않을까?

이와 비슷한 종류의 금지 사항을 정해놓은 법률은 세계 여러 나라에서 볼 수 있다. 미국에는 "국기(성조기)를 제품에 붙여서는 안 된다"(미국 연방법 제4절 국기 문장)라는 조문이 있다.

그럼 일본은 어떨까?

1993년 8월 11일 도쿄 도 아키시마 시청에 '악마惡魔'라고 이름을 지은 남자 아이의 출생신고서가 제출되었다. '악惡'이라는 글자도 '마魔'라는 글자도 일단은 사용이 인정되는 한자이기 때문에 출생 신고가 받아들여졌다. 그러나 나중에 시청이 법무성에 문의한 뒤 아이의 행복을 침해할 우려가 있다는 이유로 신고서를 수리하지 않았다. 그러자 이 사실을 통보받은 아이 아버지가 제소하는 소동까지 벌어졌다.

일본에서는 이름에 사용해도 좋은 한자를 '상용한자' 혹은 '인명용 한자'로 한정해 작명에 제한을 두고 있다. 그렇기 때문에 작명과 관련된 소동은 앞으로 또다시 일어날 수 있다.

신사의 나라에서
노상방뇨 하는 방법

남성이 공공장소에서 노상방뇨를 할 경우 자신의 차 뒷바퀴를
향해 서서 오른손을 차에 올려놓은 자세라면 합법이다.

– 영국 법 –

과연 예의범절의 나라 영국이다. 방법대로만 한다면 노상방뇨도 훌륭한 신사의 행동이 되는 것이다. 영국 이외에도 방뇨를 규제하는 나라가 있다.

엘리베이터 안에서 방뇨를 해서는 안 된다.

– 싱가포르 –

(신성한 동물로 여겨지는) 소를 보면서 소변을 봐서는 안 된다.

– 인도 –

영국 표준 협회는 1999년 '홍차를 바르게 넣는 방법'이라는 6페이지 분량의 설명서를 만들어 이그 노벨상 문학상을 받았는데, 방뇨에 대한 방법이 2줄밖에 안 되는 건 참 다행스런 일이다. 만일 6페이지나 되었다면 그 새 실례를 해버

리고 말았을 테니 말이다.

  법률에 명시된 올바른 방법으로 방뇨를 했다 하더라도 여성들에게 그 장면을 들키게 되면 당연히 크게 당황할 것이다. 그러나 이때 성급히 지퍼를 올려서는 안 된다. 1993년 이그 노벨 의학상을 수상한 너무나 측은한 논문 〈지퍼에 끼인 페니스에 대한 응급처치〉에서 그렇게 충고하고 있기 때문이다.

PC방이 있을까?

56KB이상의 속도를 내는 인터넷 회선을 소유해서는 안 된다.
– 캐나다 온트리오 주 옥스브릿지 조례 –

"Time is money"(시간은 돈이다)라는 말은 세계적으로 유명한 말이다. 그렇다면 그 말을 거꾸로 한 "Money is time"(돈은 시간이다)이라는 말을 아는가? 이것은 금융업계에서 통용되는 세계적인 말로 "복리를 이용해 이익을 점점 불려라" "금리가 낮은 곳에서 빌려 금리가 높은 곳으로 투자하라"는 의미가 있다.

인류는 20세기 이래 돈도 시간도 얼마나 많이, 얼마나 빨리 버느냐를 추구해 왔을 것이다. 그럼에도 불구하고 어째서 이런 조례가 생겨난 것일까? 56KB라고 하면 인터넷 초기 시절의 속도다. 초고속광랜, ADSL, ISDN이 나오기 훨씬 전, 보통 전화선으로 연결했던 시절이 56KB였다. 만일 지금 이런 속도로 영업을 하는 PC방이나 인터넷 업체가 있다면 바로 도산할 것이다. 현재 사용되는 100MB 광랜의 1/2000 밖에 안 될 정도로 느리기 때문이다.

  참고로 이 책을 집필하던 2007년 여름 당시 세계에서 가장 빠른 인터넷 회선을 보유한 사람은 스웨덴의 75세 할머니 시그브릿트 로스버그 씨다. 이 할머니는 1초 동안 40GB의 송수신이 가능한 초고속 광랜 회선을 혼자서 소유하고 있다고 한다. 이 속도는 일반 가정의 수천 배에 이를 정도로 빠르다. 인터넷 신문을 읽을 때만 이용한다고 하지만.

초등학생이라도 당당히
담배를 즐길 수 있는 자유

16세 이하 어린이는 학교에서 담배를 피우면 안 된다.
- 프랑스 에반 법 -

그럼 학교 밖에서라면 13세 어린이라도 담배를 피울 수 있다는 뜻일까? 대답은 '예스'다. 담배를 피우는 초중생은 수업 중에는 꾹 참았다가 쉬는 시간에 교문 밖으로 한 걸음 나가서 담배를 뻑뻑 피울 수 있다.

옥외 흡연 규제까지 엄격한 다른 구미 지역과는 달리 프랑스의 길거리는 담배꽁초들 천지다. 일본은 구미에 비해 흡연 대책이 다소 부족하다는 지적을 자주 받는다. 그러나 프랑스 이외에도 담배가 스트레스 해소에 좋다며 흡연을 적극 허용하는 스웨덴 같은 나라도 있으므로 반드시 구미 지역 전부가 금연을 제창하는 것은 아닌 듯하다.

참고로 세계 각 나라들이 흡연에 대한 연령 제한을 어떻게 두고 있는지 살펴보도록 하자.

15세 : 콜롬비아, 슬로베니아 등
16세 : 영국, 이탈리아, 아일랜드, 도미니카, 베트남 등
18세 : 미국, 캐나다, 대만, 스리랑카, 필리핀, 말레이시아 등
19세 : 한국 등
20세 : 일본 등
21세 : 쿠웨이트 등

항상 생글생글 웃는 것도
꺼림칙하긴 해

항상 웃는 얼굴을 하고 있을 것. 언짢은 얼굴로 남을 불쾌하게 하는 사람은 체포된다.

– 미국 아이다호 주 포카테로 '미소 조례' –

이 조문에는 정확히 '미소 조례'라는 말이 붙어 있다. 제4조까지 있으며 전문을 소개하자면 아래와 같다.

제1조 포카테로 시민 중 언짢은 얼굴로 남을 불쾌하게 하는 자는 처벌한다.
제2조 웃는 습관이 몸에 배도록 매년 '웃는 얼굴 주간'을 정한다.
제3조 웃는 얼굴을 검사하는 부서를 새로 만들어 웃지 않는 사람들을 체포하는 특별 경관을 둔다.
제4조 조례를 위반한 사람들은 '웃는 얼굴 만들기 강습'을 듣도록 한다.

위 조례를 위반한 사람은 마치 체포되거나 구속을 당하는 것처럼 스마일센터라는 곳으로 보내져 웃기 위한 훈련과 강습을 받아야 한다. 마치 SF호러 영화 같은 이 법률이 이미 50년 이상이나 시행되어 오고 있다고 한다.

일본도 '노인들의 웃는 얼굴을 소중히 여기는 마을 만들기'라는 표현이 조례 안에 포함되어 있지만, 훈련하는 규정은 들어가 있지 않다. 얼마나 다행인가.

방귀 한 번으로 인생이여 안녕ㅠㅠ

교회에서 방귀를 뀌면 종신형에 처한다.
– 미국 미주리 주 세인트루이스 조례 –

만일 방귀를 뀐 범인을 모를 경우 "방귀를 뀐 건 내가 아니야!" "아니야, 너야!" 하며 큰 소동이 일어날 법한 조례다.
이뿐만이 아니다. 성직자들도 조심해야 한다.

성직자들은 설교 중에 농담을 해서는 안 된다.
– 미국 웨스트버지니아 주 니콜라스 조례 –

2006년, 교회만큼이나 신성시되는 법원에서 방귀를 뀌어 법정모욕죄로 처벌을 받은 사람이 있다.

영국의 조셉 와이들리라는 사람인데 그는 법원 공판 중 자신도 모르게 그만 방귀를 뀌어버렸다. 판사가 사죄하도록 명하자 "방귀 정도 뀌어도 되지 않냐"고 하며 웃음으로 은근슬쩍 넘기려 했다. 그러자 판사는 법정모욕죄로 잠시 동안 감옥에 있을 것을 명했고, 와이들리는 감옥으로 옮겨졌다고 한다.

대나무 장대 가게가
번성하는 이유

한 빨랫줄에 여성의 속옷과 남성의 속옷을 동시에 널어서는 안 된다.
- 미국 미네소타 주법 -

다행히도 개개인의 문제가 아니라 남녀의 문제여서 한 집에 '여성용 빨래 장대'와 '남성용 빨래 장대' 두 개만 있으면 될 것 같다.

어째서 이런 법률이 생긴 것인지 이유를 알아보았는데 유감스럽게도 알 수 없었다. 가장 유력한 설은 '미네소타는 보수적인 주라서 같은 빨랫줄에 남녀의 속옷을 함께 널어놓는 것은 성행위를 연상시킨다고 생각하기 때문'이라는 것이다.

나눠서 널어놓는 편이 훨씬 외설스럽다는 견해도 있지만.

 일본에도 '남녀칠세부동석'이라는 개념이 제2차 세계대전 이전까지 있었다.

법도 극한에 다다르면
이렇게까지 된다

자살을 하면 사형.

- 영국 법 -

기독교 세계관에서 자살은 신이 준 생명을 인간의 판단으로 마음대로 버리는 일이며 결코 해서는 안 될 일로 여겨진다.

죽으면 그만인데 어떻게 사형을 내리냐고 반문할 수도 있겠지만, 영국인들 생각에는 어찌 되었건 '가장 무거운 형벌'이다. 대부분의 엉뚱한 법률들이 만들어진 뒤 잊혀지고 사문화되어 그대로 방치되는 일이 많은데, 이 법률만큼은 문제삼는 사람들이 많아 이미 폐지되었다.

그런데 이처럼 실현 불가능한 형벌이 의외로 많다. 미국의 '징역 400년' '금고 130년' 같은 판결이 그 대표적인 예다. "아니 그렇게 오래 살기나 하겠냐"고 반응하는 게 당연할 것이다. 그러나 일부러 남을 괴롭히려고 '징역 400년' 같은 판결을 내리는 것은 아니다. 각 범죄마다 정해진 징역형을 더해서 산출된 숫자이니 이론적으로는 오히려 아주 정확한 것이 아닐까?

웃음 나는 판결도 있다

> 소음을 발생시킨 사람에게는 그 사람이 싫어하는 음악을
> 계속 들려준다.
>
> – 미국 콜로라도 주법 –

스탠리 큐브릭 감독의 명작 〈시계태엽 오렌지〉를 보면 이와 비슷한 형벌을 다룬 장면이 나온다. 미래 사회에서 범죄를 계속 저지르는 소년 알렉스가 한 여성을 살해하여 체포된다. 여기서 갱생을 위한 새로운 치료법으로 선택된 것이 범죄나 잔인한 장면이 나오는 영화를 계속 보게 하는 것이었다. 그것은 우리가 음주운전 방지 교육 때 보게 되는, 교통사고나 교통사고 피해자의 고통을 다룬 영상보다 더욱 가혹

하며 아주 장시간 동안 계속된다. 영화에서 알렉스는 참혹한 영상을 계속 보는 게 너무 괴로운 나머지 출소 후 자살을 기도한다. 그러나 생각을 바꿔 다시 치료를 받고 원래의 폭력 소년, 성범죄 소년으로 돌아가는 것으로 끝이 난다.

오하이오 주에서 경범죄에 대한 독특한 판결을 내리는 것

으로 유명한 마이클 티코넷티라는 판사가 있다. 이 판사는 해변에서 애정 행각을 벌인 남녀에게 사죄문을 쓰게 하고, 경관을 돼지라고 부른 남자에게 돼지우리에서 지내게 하는 형벌을 내렸다. 판사의 권한이 강한 미국이기에 있을 수 있는 일이다. 이 티코넷티 판사도 카스테레오로 엄청난 소음을 발생시킨 한 남자에게 '숲속에서 클래식 음악을 들으며 조용히 지내는 형벌'을 내린 적이 있다.

그런데 이런 형벌로 얼마나 재범을 방지할 수 있을까?

국가 vs 달 토지판매업자

> 달에서 협박을 해서는 안 된다.
> – 달과 그 외 천체에서의 국가 활동을 다루는 협정 제3조 –

1960년대부터 각국은 우주 탐사를 준비했다. 특히 소련과 미국이 자존심을 건 경쟁을 벌였다. 소련에서는 달 표면 유인 착륙을 목적으로 한 소유즈 L3계획(1964년~1974년)을 세워 진행했고, 미국도 똑같이 달 표면 유인 착륙을 목적으로 한 아폴로 계획(1960년~1972년)을 실행했다.

미국과 소련의 치열한 경쟁 끝에 1969년 아폴로 11호가 인류 최초로 달 표면 유인 착륙에 성공했다. 그 뒤 세계 여

러 나라들은 '분명 달에서도 영토를 주장하는 국가 간 충돌이 있을 것이다' '달에서 자원이 발견된다면 어떻게 되는 것일까' 하는 생각을 하게 되었다. 그래서 각 나라들이 모여 달을 전 세계인의 것으로 하자는 국제법(조약)인 '달 협정'을 만들었다.

이 조약은 지금도 효력이 있지만 아직 달에서 싸우는 사람이나 달에서 협박을 하는 사람은 나타나지 않았고 이 때문에 사실상 사문화되고 있다고 비판하는 사람들도 있다.

이 협정은 달이 누구의 것도 아니라고 정해놓고 있다. 그런데 가끔 달 토지에 대한 권리를 샀다는 사람이 있는 듯하다. 미국의 한 지구권 외 전문 부동산 회사가 "달에 있는 자원을 법률 때문에 이용할 수 없는 것은 공공의 이익에 반하는 것"이라며 달 협정을 부정하고 마음대로 달 토지를 판매하고 있다. 판매 단위는 1에이커(약 64m×64m)이며 몇 에이커를 사도 상관은 없지만 아직 다 팔리지는 않았다.

우주전쟁을 해서는 안 된다

금성에서 군사 훈련을 해서는 안 된다.
– 달과 그 외 천체에서의 국가 활동을 다루는 협정 제11조 –

금성은 지구 옆에 있으며 크기 등이 지구와 비슷해 '지구의 자매 혹성'이라고도 불린다. 그러나 대기가 90기압, 평균 온도가 470도나 된다. 워낙 가혹한 환경 탓에 생명체가 살 수도 없을 정도니 만일 금성에서 군사 훈련을 한다면 지구에서 가장 잘 훈련된 정예 부대를 선발해야 할 것이다.

금성에 대해 미국과 러시아가 각각 조사를 하고 있으나 아직 상륙할 수 있는 우주선이나 직접 탐사할 수 있는 기계

도 없다. 금성의 지표 조건이 워낙 까다롭기 때문에 아직 위성 궤도 상에서 탐사선으로 조사만 하고 있다. 2005년에는 유럽우주국ESA이 비너스 익스프레스 호라는 탐사선을 쏘아 올렸다.

유명한 UFO 연구가인 故 조지 아담스키 씨는 1952년 어느 날 사막을 걷고 있을 때 우연히 UFO에서 내려온 오손이라는 금성인을 만났다고 주장했다. 그는 그 금성인과 텔레파시로 이야기했다고 한다. 조지 아담스키는 이 이야기로 일약 스타덤에 올랐다. 혼자 걷고 있었기 때문에 증인은 아무도 없다. 다만 목적도 없이 사막을 걷고 있던 사람이(사실 그 자체도 대단한 이야기지만) 무슨 연유에서인지 우연히 가지고 있던 시멘트와 물로 발의 모형을 떴다는 것이 분명한 증거라고 한다. 그는 그 후 오손에게 금성으로 초대도 받았다고 했다.

2장

한 곳에선 상식,
다른 곳에선 비상식?!

패션이냐, 징역이냐

> 속옷을 보이거나 과도하게 피부를 노출시키는 젊은이는 6백 달러 벌금형 또는 최장 6개월의 징역에 처한다.
> – 미국 루이지애나 주 조례 –

만일 일본의 고등학생이 루이지애나 주로 수학여행을 간다면 엄청난 일이 벌어질지도 모른다. 많은 학생들이 일본으로 귀국하지 못할 수도 있다.

여름이 되면 길거리에는 화장실 자세로 앉아 있거나, 서 있어도 이미 속옷이 보이고 끝내 엉덩이 윗부분까지도 보이고 마는 청소년들이 셀 수 없이 많다. '보여도 되는 속옷'까지 개발돼 판매되고 있을 정도다. 이에 대해 '그건 이미 속

옷이 아니지 않나' 하고 생각하는 건 필자뿐만이 아닐 것이다. 그러나 약 60년 전까지만 해도 여성들의 속옷을 보고 좋아하는 남자는 거의 없었다고 한다.

  원래 일본식 옷차림을 한 여성은 속옷을 입지 않았기 때문에 보이는 것은 팬티가 아니라 음부 그 자체였다. 그러던 것이 세월이 흘러 서양식 옷차림이 일반화되었고, 이제는 속옷이 보여도 그냥 셔츠가 보이는 것처럼 특별히 자극적이거나 야릇한 감정이 들지는 않는다. 슬픈 색色의 나라가 된

것이다.

  그러나 여성들이 "남자들한테 보여주려고 그러는 게 아니라고!"라는 반응을 보인다면 그것도 어쩔 수는 없다. 그래도 옛날이나 지금이나 남자들은 여자들이 의식하지 못하고 있는 부분에까지 망상을 가지고 있다는 것을 여자들이 조금 알아준다면 이 세상이 좀 더 평화로워지지 않을까 생각할 뿐이다.

이것이야말로 진정한
순애보 경쟁

죽은 사람과 결혼할 경우 대통령 심사가 필요하다.

- 프랑스 법 -

이 법률이 만들어진 것은 옛날 나폴레옹이 살던 시절이었다. 당시는 전쟁으로 죽는 사람이 많았고, 이 때문에 남자를 그리워하며 죽은 남자와 결혼하고 싶어 하는 여성들을 위해 만든 법률이다. 설마 21세기까지 이 법률이 존재할 것이라고는 나폴레옹조차도 생각하지 못했을 것이다. 죽은 사람과의 결혼은 보통의 결혼과는 다르기 때문에 여러 심사를 거쳐야 하며 최종적으로는 대통령이 결정하도록 되어 있다.

상식적으로는 생각하기 어려운 결혼을 규정한 법률로 아래와 같은 것도 있다.

나무와 결혼할 수 있다.

- 인도 -

힌두교 교리에는 형보다 동생이 먼저 결혼해서는 안 되는 풍습이 있다. 그래서 동생이 먼저 결혼할 경우에는 이를 위해 형이 나무와 먼저 결혼하는 '수목혼' 제도가 있었다. 그 수목이 쓰러지거나 말라버리면 형은 사람인 여성과 다시 결혼할 수 있었다. 만일 결혼할 상대가 생겼다면 일부러 나무를 베어도 합법적인 것이었다.

피카추는 이슬람의 적?

> 포켓몬스터 카드를 국내에 반입하는 것은 위법이다.
> — 사우디아라비아 2001년 종교령 —

농담처럼 들리는 종교령이지만 엄연히 효력을 갖는 법이다. 2001년 3월 27일 사우디아라비아 법의 최고 권력자 압둘라지즈는 일본에서 만든 애니메이션 〈포켓몬스터〉와 관련된 모든 행위를 금지시켰다. 국민이 카드를 가지고 있는 것도, 비디오를 보는 것도, 인형을 갖는 것도 금지했다. 그 이유는 다음과 같다.

① 이슬람에서 금지하는 우상숭배에 해당한다.
② 카드 자체에 도박성이 있기 때문에 아이들에게 도박을 가르치는 것이다.
③ 캐릭터가 진화되어 간다는 설정은 진화론을 부정하는 이슬람 입장에서 받아들일 수 없는 잘못된 사상이다.
④ 유대교의 다윗별과 똑같은 심벌이 등장한다.

만일 카드를 소지하고 있는 것이 밝혀질 경우 당국에 구속된다. 이슬람 나라에서 우상숭배, 도박, 진화론, 유대교와 관련된 것들은 악마의 행위로 간주되어 매우 중한 벌을 받을 수 있다.

정부도 징역에 처하라

돈을 벌기 위해 거짓말로 유가증권의
가격을 변동시키면 징역에 처한다.
– 일본 증권거래법 –

라이브도어의 호리에 다카후미 씨가 체포되고 재판을 받으면서 유명해진 '풍설 유포'.(인터넷 업체 라이브도어의 대표인 호리에 다카후미는 허위 사실을 유포하여 주가를 조작했다. 이 일로 그는 재판에서 징역 2년 6개월형을 선고받았다-옮긴이) 처음에 이 말을 들었을 때 '대충 아무 거짓말이나 하고 그것이 퍼지면 체포라고?' '연말이면 TV에서 보여주는 우주인 해부 동영상도 방송국에서 미리 짜고 한 것이라고 밝혀졌는데 방송국은 괜찮나?' 하며 걱정을 했었다.

실제로는 풍설 유포를 이용해 유가증권(구체적으로는 주식) 가격을 조작하고 돈을 벌려고 했다는 것이 입증되지 않는다면 체포되지는 않을 것이다. 예를 들어 "자사 주의 가격을 끌어올리려고 허위 정보를 유포한 사장이 체포되다"(1995년) "히로시마에 있는 음악 기기 업체의 주가가 단기간에 120만 엔에서 20만 엔으로 떨어져, 이에 대한 주가 조작 의혹 때문에 도쿄의 한 변호사 사무실이 가택수사를 받았다"(2007년) 등의 뉴스가 이 법률의 적용 예다.

국가가 저지른 풍설 유포로 꼽고 싶은 것이 1939년~1945년에 발행했던 전시 국채다. 전비 조달을 위해 일본 정부가 발행한 국채를 "일본이 승리할 것이다"라고 세뇌당한 국민들이 그나마 남아 있던 저금을 몽땅 털어 구입했지만, 전쟁이 끝난 후 이 국채는 단순한 휴지 조각이 되고 말았다.

보는 시각에 따라서는 호리에보다도 더 심한 짓을 했다는 생각도 들겠지만 전시 지도자들이 이런 죄로 체포되지는 않았다.

눈을 소중히

다른 사람의 눈을 도려내서는 안 된다.
- 미국 로드아일랜드 주 형법 -

일본의 현행법 중에 "눈을 도려내면 ○년" "눈을 판매하면 벌금 ○엔" 같은 구체적인 법률은 없다. 형법 가운데 "인간의 신체를 상해한 자는 15년 이하의 징역 또는 50만 엔 이하의 벌금형에 처한다"라는 대략적인 규정만 있을 뿐이다. 이 때문에 실제 판결은 법원에 따라 크게 달라진다. 여성의 머리카락을 뿌리째 뽑은 범죄에 대해 "머리카락이 뽑혀도 건강에 아무런 피해가 없다"며 상해죄를 부정하고 폭행죄

로 판결한 법원이 있는가 하면, 반대로 "계속 장난전화를 걸어 정신을 쇠약하게 만들었다"는 이유로 직접 손을 댄 것이 아닌데도 상해죄로 인정한 경우도 있다.

얼마 전에는 한 택시 운전사가 "오랜 세월 담배를 피우는 손님들로 인해 상해를 입었다"며 제소한 일로 화제가 된 적이 있다.

개기일식을
목빠지게 기다린다

개기일식이 일어나는 날은 쉬어야 한다.
- 시리아 -

아마 종교적인 이유는 아닌 것 같다. 실제로 1999년에 개기일식이 일어난 날, 시리아 전체가 휴일로 보냈다.

대부분의 나라에서는 노동자들이 일주일에 하루 이상 쉬기는 하지만 아쉽게도 천체 운행을 이유로 쉬는 경우는 거의 없는 듯하다. 다른 나라에서 보면 일요일에도 일하는 일본 비즈니스맨들의 모습을 이해할 수 없을 것이다.

다른 나라와 서로 협력하며 일을 하는 경우가 점점 늘어

나고 있기 때문에 위와 같은 각국의 생활습관들을 이해할 필요가 있다. 상대방 나라에서 보면 일본인들이야말로 안식일의 가르침을 지키지 않고 신의 뜻을 어기며 가족과의 시간을 소중히 여기지 않는 비정한 국민들일지도 모르기 때문이니 말이다.

자기 집에서도
안심할 수 없는 이유

남의 대화를 도청한 사람은 3년 이하의 금고에 처한다.
– 미국 일리노이 주 권리 침해 방지법 제702조 –

1999년 일본에서는 일명 '도청법'이라 불리는 법률이 만들어졌는데, 이것은 도청을 금지하는 처벌이나 규제 성격의 법률이 아니다. '범죄 수사를 위한 통신방수通信傍受에 관한 법률'이라는 정식 명칭에서도 알 수 있듯이 범죄행위의 우려가 있을 경우, 경찰 같은 수사기관이 전화나 문자 등을 도청하는 것을 합법화할 목적으로 만들어졌다. "통신의 비밀을 침해해서는 안 된다"라는 일본 헌법 21조를 위반한 것이라며 시민단체 등이 폐지를 요구하는 운동을 벌이고 있다. 그러나 도청을 하기 위해선 법원의 허가가 필요하기 때문에 '지금 내 전화를 경찰이 도청하는 것이 아닐까?' 하는 걱정은 할 필요가 없다.

예를 들어 벽에 컵을 대고 옆집의 이야기를 엿들으려는 행위는 처벌의 대상이 되지 않는다. 일본은 도청 자체를 벌하는 법률이 없어 주거 침입 등의 행위로 단속하고 있을 뿐이다. 그러나 애인이나 지인을 초대했을 때는 그들이 주인 몰래 도청기를 설치해도 주거 침입에 해당되지 않는다. 물론 인간관계야 엉망이 되겠지만.

실제로 알아보니 도청기는 2만 엔(26만 원) 이상의 가격으로 시중에서 판매되고 있었다. 일반 콘센트 모양인 것부터 시작해서 전자계산기와 똑같이 생긴 것(실은 진짜 전자계산기에 도청장치를 넣어둔 것) 등 형태도 다양했다. 구입할 때 신분증명도 필요 없다. 이 정도 금액으로 도청이 가능하고, 더구나 그 행위가 불법도 아닌 현대의 일본. 어쩐지 좀 무섭다.

대통령의 신앙은 어떠신가요?

> 대통령은 이슬람교도여야 한다.
> — 파키스탄 헌법 제41조 —

실제로 이슬람교도가 아닌 사람이 대통령이 된 적이 있는지 없는지는 모르겠지만, 대부분의 이슬람권 국가에서도 법적으로는 종교의 자유가 인정되고 있다. 그러나 파키스탄의 경우 1947년에 영국으로부터 독립한 뒤에도 한동안은 자국의 헌법 없이 서양식 근대주의자와 이슬람 근본주의자들 간의 권력 투쟁이 계속되었다.

1956년에 이슬람 근본주의자들이 정치적으로 승리하고

'이슬람권 국가들 중에서도 가장 이슬람적인 헌법'(파키스탄 타임즈 인용)이 만들어졌다. 위의 조문 외에도 코란을 의무 교육 과정에 넣는다거나 국가가 모스크(이슬람 예배당)를 운영하는 것, 국회의원이 이슬람 교리에 대해 충분한 지식을 갖도록 하는 것(이 때문에 사실상 이슬람교도 외에는 의원이 될 수 없다) 등이 헌법으로 정해져 있다.

이렇게 보면 이슬람교도만 우대를 받는 듯 보이지만 일반인들의 생활을 보면 꼭 그렇지만도 않다. 예를 들어 술을 마셨을 경우 이슬람교도에게는 최고 징역 3년(파키스탄 형법 제9조)에 처해지지만 외국인 여행자 등은 처벌을 받지 않는다.

이슬람 국가에서는 '그 행위를 한 주체가 이슬람교도냐 아니냐'에 따라 죄의 경중이 달라진다.

이슬람 국가의 은행들은 무얼 먹고 사나?

> 이자를 많이 챙긴 사람과 그 피해를 본 사람, 그리고 증인은 저주받는다.
> — 코란 예언자 전례법 —

한 조사에 따르면 일본에서는 현재 91%의 사람들이 어떤 형태로든 민간 보험에 가입해 있다고 한다. 연평균 보험료는 1만 엔대가 32%로 가장 많았고, 그다음으로 2만 엔대가 21%였다. 그러나 이슬람 국가에서는 보험과 관련된 직업이 법률로 금지되어 있다. 모든 법률의 기준이 되는, 이슬람 창시자 무하마드의 말에 따라, 이자를 취하는 행위를 명백히 금지하고 있기 때문이다.

보험이란 기본적으로 계약자가 어떤 사고를 당하거나 질병에 걸렸을 경우에 계약자가 돈을 받고, 아무런 일도 생기지 않으면 납부한 돈은 보험회사의 것이 된다. 이는 명백하게 이자를 취하는 행위인 것이다. 또한 계약을 할 때는 앞으로 있을 사고나 질병을 예상할 수 없는 것이 보통이다. 그러므로 이것은 이슬람법에서 금지하는 도박 행위에 해당된다.

따라서 이슬람에서는 보험이라는 것 자체가 불법이며 사실상 존재하지 않는 것이 현실이다. 은행에 맡겨도 이자가 붙지 않기 때문에 이슬람교도들은 금융기관에 저축을 하려 하지 않는다고 한다.

그런 의미에서 일본은 이슬람 국가들 입장에서 보면 악마의 소굴로 보일지도 모르겠다.

자는 사람은 **범죄자**

자는 척해서는 안 된다. 정말로 잠들어서도 안 된다.
– 미국 델러웨어 주 레호보스 해안 지구 조례 –

차 안에서 잠을 자서는 안 된다.
– 미국 캘리포니아 주 카산드라 조례 –

전자의 조례에 따르면 벤치 등에서 실제로 잠을 자거나, 누워 있거나, 자는 척해서는 안 된다. 필자가 예전에 신주쿠에서 일할 때는 노숙자들이 지하보도에서 생활하고 있었기 때문에 그 사이를 요리조리 비켜 다니며 출근을 했었다. 그때도 "이곳에 텐트를 치거나 여러 명이 무리지어 생활해서는 안 된다. 도쿄도"라고 쓰인 포스터가 붙어 있었고 얼마 후에는 노숙자들이 정착하지 못하도록 날카로운 조형 미술품들이 여러 개 설치되었다.

 "차 안에서 잠을 자서는 안 된다"라는 조례는 설령 주차장에 세워 놓은 차 안이라 하더라고 예외가 아니다. "피곤해서 사고를 낼 것 같아 차를 세워놓고 조금 쉬었다"고 해도 안 된다. 사람이 누워 있으면, 운전 중인 사람들이 힐끗 쳐

다보게 되는데 이때 누워 있는 사람을 보며 "범죄에 희생된 건 아닐까?" "누가 저 사람을 덮친 게 아닐까?" "살인 사건이다. 시체다!" 하며 착각하는 일이 많기 때문에 금지되고 있는 것이다.

만약 도저히 잠을 참을 수가 없거나 휴식을 취해야 할 경우에는 도로변에 있는 호텔이나 모텔을 이용해야 한다. 과연 현대 미국을 상징하는 조례라 할 수 있겠다.

일요일이 왠지 모르게
쓸쓸한 이유

일요일에는 어떤 상품도 일반 대중을 상대로 판매하거나 판매하기 위해 진열해서는 안 된다. 이러한 행위는 안식일 준수에 대한 가르침을 위반하는 행위다. 단, 고기나 생선, 빵 등은 예외로 한다.
– 미국 오클라호마 주법 제21조 908항 –

서양 종교에는 '아무것도 해서는 안 되는 날'이 널리 정해져 있다. 이는 기독교나 유대교에서 신이 천지를 창조한 7일 가운데 하루를 안식일로 정해 그날은 일을 하지 않았던 데에서 유래한다. 유대교는 토요일이고 기독교는 주로 일요일이다. 이슬람교에서는 예언자 무하마드가 메카를 떠난 금요일이 안식일이다.

세계적으로는 기독교권 이외의 나라에서도 일요일을 휴

일로 하는 경우가 많다. "일요일에 일하는 것은 불법이다"(미국 사우스캐롤라이나 주법)라는 아주 명백한 법률이 존재할 정도다.

유대교 사회에서는 생계를 위한 일뿐만 아니라 집안일도 해서는 안 되는 일로 여긴다. 엄격한 유대교인들은 금요일에 식사 준비를 해놓고 토요일에는 조리도 하지 않는다.

이스라엘 대중교통도 토요일에는 기본적으로 모두 운행을 하지 않으며 비행기도 이륙하지 않는다. 안식일이 되면 자동적으로 모든 엘리베이터의 운행이 정지되는 곳까지 있다. 버튼을 누르는 '노동'을 피하기 위해서다.

부드러워진 21세기 마녀사냥

퀘이커 교도와 마녀는 이 주에 살면 안 된다.
- 미국 매사추세츠 주법 -

종교가 금지되었던 구소련과 국교가 정해져 있는 이슬람 국가 등을 제외하면 대부분의 나라에는 종교의 자유가 있다. 그러나 각 주의 권한이 강한 미국에는 위와 같은 법률이 아직까지 남아 있다.

사실 일본에서도 아주 최근에 특정 종교 행위가 불법으로 바뀌었다. "최고입니까?"라는 슬로건으로 친숙한 후쿠나가 호겐의 '법의 화삼법행'이 그러하다. 사체를 방치해놓고 "아직은 '미라'지만 언젠가 부활할 것"이라고 태연하게 말했던 라이프스페이스나 지하철 사린 테러 사건을 일으킨 옴진리교 등의 예에서도 알 수 있듯이 일본에서는 신흥 종교의 교리 자체보다는 그들이 행한 범죄 행위를 처벌하는 것이 보통이다. 그러나 '법의 화삼법행'의 경우 종교 행위 자체가 사기 행위로 간주돼 그 교주가 체포되었다. 이런 일은 아주 드문 경우다.

  신도들 중에는 "우리가 속았다"는 사람도 있었고 "특별히 속은 건 없다. 뭐가 잘못됐다는 거냐"며 언론과 정부를 비판하는 사람도 있었다. 그러나 교주 후쿠나가 호겐이 형사 재판 중 "앞으로 돈을 벌 수 있는 것은 종교와 홈쇼핑뿐이다. 어느 쪽을 선택하겠느냐"고 말한 것이 확인되고, 그의 저서에 쓰여 있는, 발바닥 진단으로 건강을 되찾았다는 이야기가 허위라는 사실 등이 밝혀지며, 2006년 대법원에서 징역 12년형을 선고받았다.

요술공주 샐리도 범죄자?

> 마법을 사용해서는 안 된다. 또한 오컬트(초자연적 현상) 지식과
> 기술을 사용하는 것도 불법이다.
>
> — 캐나다 법 —

2007년에 완결편이 나온 해리포터 시리즈에는 '머글(보통사람) 세상에 있을 때 마법 사용 금지'라는 설정이 있다.

기독교의 영향을 받은 구미 여러 나라에서는 신에 대항하는 악마와 마녀, 마법의 존재를 믿었다. 그로 인해 시작된 것이 마녀사냥이다. 수십만의 여성들이 이 비참하기 그지없는 마녀사냥의 희생양이 되었다.

영국에서도 17세기 초반(1624년)에 제정된 마녀대책법이

18세기(1736년)까지 존속했다. 이것은 미국이라는 신천지로 이동한 청교도들의 정신에도 뿌리 깊게 남아 있었으며, 심지어 캐나다로까지 전파되어 위와 같은 법률이 남게 된 것이다.

　일본의 경우는 어땠을까? 일본은 비교적 종교에 관용을 베푼 나라다. 그러나 일본의 전국시대에는 오다 노부나가에 의한 일향일규一向一揆(전국시대에 불교종단인 정토진종에 의해 만들어진 종교적 자치단체-옮긴이) 탄압과 문도(정토진종 신자-옮긴이) 대학살 같은 일들이 있었고 에도시대에는 천주교 금지령을 내리기도 했다.

　하지만 그것들은 대항 세력의 무력을 제압하거나 마음을 변화시키는 것이 목적이어서 마녀사냥만큼 잔인하지는 않았다.

결투는 무인도에서

결투를 신청한 사람은 6개월 이상 2년 이하의 징역에 처한다.
또한 실제로 결투한 자는 2년 이상 5년 이하의 징역에 처한다.
- 일본 결투죄와 관련한 건 제1조 -

결투를 신청하면 1년 이상 7년 이하의 금고형에 처한다.
- 미국 로드아일랜드 주법 제11장 12조 2항 -

첫 번째 법률은 지금도 통용되는 일본의 현행법이다. 일본뿐만 아니라 세계 여러 나라에서 결투는 위법으로 간주되고 있다. 그러나 19세기 초까지는 많은 나라에서 법원의 주관 아래 결투가 정식 제도로 인정되었다. 그러다 19세기 중반 들어, 구미를 중심으로 점차 '결투는 위법'이라는 인식이 생겨났다. 참고로 프랑스에서 결투를 흔하지 않은 일로 여기게 된 것은 제2차 세계대전 뒤부터라고 한다.

그러나 일본은 사정이 다르다. 에도시대에는 '겐카료세바이喧嘩兩成敗'라는 관념이 있어 결투를 했을 경우, 결투에 참여한 두 사람 모두 녹을 받지 못하게 되거나 감봉되었다. 상대방을 살해한 경우, 승자는 할복해야 했고 부상 정도로 끝난 경우에는 말을 맞추어 사고나 병으로 위장하는 일도 있었다.

참고로 그 유명한 '기리스테고멘切捨て御免'(에도시대에 무례한 짓을 한 평민을 베어 죽여도 벌을 받지 않았던, 무사들의 특권-옮긴이)도 무사들의 입장만을 배려한 일방적인 제도라는 비난의 목소리가 거세 실제로 행해지는 일은 거의 없었다고 한다.

신앙은 위대하다

다윈의 진화론을 학교에서 가르쳐서는 안 된다.
- 미국 아칸소 주 법 -

2001년에 실시된 CBS 방송 조사 결과, 미국 국민의 55%가 "신이 일주일 동안 세상을 만들었다"는 것을 믿는 것으로 나타났다. 1925년 테네시 주의 존 스콥스 목사가 진화론 수업을 했다는 이유로 체포되어 재판에서 패소한 뒤 미국에서는 진화론과 창조론 중 어느 쪽이 타당한가를 둘러싼 논쟁이 끊이지 않았다.

1968년 아칸소 주에서 열린 반反진화론 재판에서는 "진화론이 성서의 교리와 맞지 않는다는 이유로 금지시키는 일은 특정 이론을 말살하는 것이며 표현과 신앙의 자유에 반하는 것"이라는 판결이 내려졌다. 창조론자들은 이에 굴하지 않고 "신의 천지창조론을 진화론과 같은 비중으로 학교에서 가르치게 해야 한다"는 운동을 벌였다. 이 결과 아칸소와 루이지애나에서는 '수업시간 균등법'이 제정되었다.

일본에서는 창조론을 어디까지나 신화로 다루고 있으며, 기독교 신자들에게조차 '교리로서의 설'로 여겨지고 있다. "6일간 천지를 창조하고 7일째 되는 날 쉬었다"는 얘기나 "아담의 탄생부터 계산하면 지구의 역사는 6000년이다" 등과 같은 설은 거의 믿지 않는 것이 현실이다. 그래서 재판으로까지 불거지거나, 학교에서 창조론을 가르치는 법률을 만들자는 움직임은 전혀 없다.

3장

나라가 다르면 법도 다르다

가면라이더, 체포되다!

> 변장을 하고 범죄를 저질러서는 안 된다.
> 만일 범행 시에 복면이나 가면을 착용하거나 변장을 했을 경우
> '변장에 의한 중죄' 처벌을 받게 된다.
> – 미국 델러웨어 주법 제11장 1절 5조 –

미국에서는 범죄를 저지를 때 변장이나 가장을 할 경우, 더 무거운 처벌을 내린다고 명문화된 규정이 있으며, 복역 기간도 몇 년 더 긴 것이 보통이다. 변장을 하고 있었다는 것은 정체를 알기 어렵도록 하기 위해 사전에 준비했다는 증거가 되기 때문이다.

태국에서는 쿠데타가 있었던 2006년 가을, 전차 앞에 가면라이더 코스프레를 하고 나타난 4명이 체포된 일이 있었

다. 군인들 말에 따르면 '쿠데타를 교란시키기 위한 행위'로 보였기 때문이라고 한다. 조사 결과 그들에게 정치적 의도는 없었으며 그들의 정체는 행사 때문에 다음 달에 태국을 방문할 예정이었던 가면라이더를 현지에서 선전하기 위해 변장을 한 배우들이었다고 한다. 때가 때이니만큼 태국의 쿠데타 모습이 세계 각지에 보도되고 있었기 때문에 절호의 기회라고 생각했는지 전차 앞에서 장미꽃을 한 손에 들고

있는 포즈를 취하고 있었다고 한다.

   2001년 일본 아사쿠사에서는 레서판다 복장을 한 남자가 살인사건을 일으켰다. 아무 죄도 없이 그저 길을 지나가고 있던 한 여대생이 레서판다 모자를 쓴 남자의 칼에 배를 찔려 사망한 사건이었다. 일부러 사람들 눈에 띄는 이상한 모습을 하고 저지른 무차별 살인이었기 때문에 세상에 큰 충격을 주었다.

물리적으로 불가능한 것이라도
법조문으로는 가능하다

비행기에서는 쓰레기나 종이를 밖으로 내던져서는 안 된다.
- 미국 텍사스 주법 -

국토가 넓은 미국에서 비행기는 '하늘의 택시'라고 불리며 일상생활에 자주 사용되고 있다. 농약 살포나 도시 간 이동, 전단 뿌리기에 이르기까지 그 분야도 다양하다.

사실 일본에서도 위와 같은 법률이 제정된 적이 있다. 1926년에 경시청이 비행기를 이용한 전단 뿌리기 제한 규칙을 만든 것이다. 그러나 규칙이 정해진 뒤에도 전단을 뿌리는 일에 대해 실제로는 관용을 베풀어 주었다고 한다.

1950년대 중반, 야산에서 뛰어놀던 아이들은 자주 보았을 풍경이겠지만 전단지를 살포하는 마케팅 방법도 있었다. 전단지 100장당 1장 정도의 확률로 할인 쿠폰이 들어 있었기 때문에 그것을 찾으려고 다 같이 열심히 전단지를 주우러 다녔다. 그러던 1964년, 한 어린이가 전단지 줍기에 열중하다 교통사고를 당하는 일이 발생했다. 국회에서는 항공법 등에 의해 전단지 살포를 규제할 수 있게 했다.

얼마 전 중국에서는 한 주류 회사가 비행기를 이용해 전단을 뿌리는 광고 방법으로 중국 제일의 업체로 떠오른 적이 있었다. 진지주조秦池酒造라는 이 회사는 차별화된 광고 전략을 세워 다른 주류 회사의 약 10배의 광고비를 투자해 비행기를 이용한 전단 뿌리기나 파격적인 TV 광고 등을 펼쳤고, 눈 깜짝할 사이 중국 일류 회사로 부상했다. 그러나 파죽지세로 성장해 나가려던 찰나, 그들이 판매한 술 속에서 이물질이 발견되어 떠들썩해진 뒤 도산하고 말았다.

불가능을 가능케 하는 조례

바닷가에서 비행기를 이착륙시켜서는 안 된다.
― 미국 텍사스 주 갈베스톤 조례 ―

1950년부터 2004년까지 비행기 사고 원인을 조사한 통계에 따르면 사고 원인은 다음과 같다.(planecrashinfo.com)

37% : 조종 실수
33% : 원인 불명
13% : 기계적 고장
7% : 날씨

5% : 파괴행위(폭탄, 공중납치, 격추 등)
4% : 조종 이외의 인위적 실수(부적절한 항공관제, 화물적재, 기체정비 불량, 연료오염, 언어 의사소통 불량, 조종사간 인간관계 등)
1% : 기타

 미국에서는 비행기가 택시처럼 일상적으로 이용되고 있다는 것은 앞에서도 설명한 바 있다. 참고로 그 밖에도 "술 취한 상태에서 비행기를 조종해서는 안 된다" "비행기에서 쓰레기를 떨어뜨려서는 안 된다" 등과 같은 규제가 있다.

경찰들에게는
다가갈 수 없다

형무소와 경찰서 옆을 서성거려서는 안 된다.
- 미국 노스캐롤라이나 주 제뷸론 조례 -

위 조례에서는 공공도로라 하더라도 그곳에서 서성거리는 일을 금지하고 있다. 특히 야간에는 어떤 목적으로든 서성 거려서는 안 된다. "그럴 거면 차라리 길 자체를 만들지 말든가 전용 도로를 설치하면 되지 않는가?" 하고 의문을 제기할 수도 있겠지만 아마도 이미 만든 시설이고 길을 바꿀 수도 없기 때문일 것이다.

형무소는 그렇다 치더라도 경찰서는 시민이 상담을 받으

러 가는 곳이기도 한데 통행이 금지되면 어려움을 겪는 사람이 분명 늘어날 것이다. 전후 조문을 읽어보면 수용되어 있는 죄수 및 피의자들과 연관되는 일이 없도록 하기 위한 것이 주목적임을 알 수 있다.

미국에는 형무소 운영을 민간에 위탁하고 있는 주가 많으며 수감된 죄수의 수는 200만 명을 넘는다. 이는 전 세계 형무소 수용 인원의 4분의 1에 해당한다. 이렇게 수용자가 많으면 담장 안 죄수들과 불법으로 연락을 하려는 일이 많을 것이다. 그런 사정으로 인해 불안이 더욱 가중되어 이런 조문을 만들게 된 것이다.

무법 경찰은
헬로키티로 징계한다

규칙을 어긴 경찰관은 헬로키티 완장을 차고 근무하게 한다.
― 태국 경찰 발표 ―

태국 경찰이 2007년 8월에 발표해 전 세계에 화제를 불러모은 내부 벌칙이다. 지각을 하거나 시민에게 불친절하게 행동했거나 경미한 법률 위반을 한 경찰에게, 눈에 띄는 핑크색 키티 완장을 차게 해 "이 경찰관은 법률을 위반한 경관입니다" 하고 사람들 앞에서 창피를 주는 것이다.

물론 이전에도 문제 있는 행동에 대해 경고를 주긴 했었지만 재발 방지 효과는 거의 없었다. 그래서 키티 완장을 차

게 하면 창피해서라도 문제의 행동을 고치겠거니 하는 의도에서 실시한 것이다. 현지인들 TV 인터뷰에는 "완장은 귀여웠지만 완장을 차고 있는 경관은 법률을 위반한 사람이기 때문에 믿음이 가지 않는다" 등의 반응이 있었다.

문제는 그다음에 발생했다. 이들이 키티의 상표권을 가지고 있는 산리오의 허가를 받지 않은 사실이 밝혀진 것이다.

처음에는 신기한 가십 뉴스 다루듯 취재에 임했던 각국 언론들로부터 "상표권은 어떻게 된 거냐!"는 질문 공세를 받은 태국 경찰은 결국 키티 완장 착용을 중단했다고 한다. 그러나 특별히 잘못했다고 생각하는 것 같지는 않았고 중단시킨 이유에 대해서도 "각 언론에 대한 대응이 힘들어 이를 계속 시행할 수가 없기 때문"이라며 완장의 디자인을 바꿔서라도 다시 실시할 생각이라고 한다. 앞으로 계속해서 동향을 지켜봐야 할 것 같다.

발에게 자유를!

발에 딱 맞는 구두를 만들기 위해서 하는
엑스레이 촬영을 금지한다. 또한 구두에 발이 맞는지를
알아보기 위한 엑스레이 검사도 금지한다.
- 미국 위스콘신 주 형법 제941조 -

이 법률은 1977년에 제정되었다. 의학적으로 엑스레이 촬영을 한 번만 하는 것은 별 도움이 되지 않는다. 신장이 기상 시와 취침 직전에 1센티 가까이 차이가 난다는 것은 잘 알려진 사실이지만, 사실 발 사이즈는 더더욱 변화가 커 하루에도 시간대별로 달라지기 때문이다. 발이 가장 커지는 시간은 15시 무렵이며 아침에 일어난 직후와 비교해보면 부피가 19%나 늘어나 있다고 한다.

발의 크기를 인위적으로 바꾸는 풍습인 중국의 '전족'은 세계적으로 유명하다. 발가락이 유연한 유소년기에 엄지발가락 이외의 네 발가락을 발바닥 쪽으로 꺾어서 골절시키고 헝겊 등으로 고정시켜 두는 그야말로 잔혹한 일이었다. 서기 1000년 정도부터 유행하기 시작해 한때는 전족을 하지 않은 여성은 결혼을 할 수 없을 정도였다고 한다. 그러나 1912년 3월 당시 쑨원 임시대통령의 지시로 중화민국 내무성은 전족금지령을 내렸다.

금지령은 그전에도 몇 번 있었지만 실질적인 효과는 거의 없었다. 그러나 1911년에 있었던 신해혁명 이후 확실히 근대화의 길을 걷기 시작한 중국 근대 사회의 여성들은 드디어 전족이라는 악습에서 해방되었다. 단, 일부 지방에서는 20세기 중반까지도 전족 풍습이 계속 유지됐다고 한다.

갖은 수단과 방법을
가리지 않고서라도…

동정을 사거나 구호물자를 얻기 위해 자신의 몸에
상해를 입혀 장애인이 되어서는 안 된다.
– 미국 앨라배마 주법 제13A장 14조 1항 –

원래는 징역의 의무를 피하기 위한 자상自傷 행위를 금지할 목적으로 제정된 법률이었다.

필자가 처음 해외에 나간 것은 20여 년 전 인도였다. 당시 인도는 지금처럼 눈부신 경제 발전으로 세계가 주목하는 나라가 아니었다. 공항을 나섰을 때 제일 처음 충격을 받은 것은 한 손과 양쪽 다리 등이 없는 장애인들이 관광버스 주변을 둘러싸고 집단으로 구걸하는 모습이었다. 가이드가 "구걸을 시키기 위해 일부러 부모나 다른 사람들이 아이들의 팔다리를 자르는 일도 있다. 그러한 행위를 금지시키기 위해서라도 절대로 돈을 주어서는 안 된다"고 몇 번이나 강조해서 말했다.

한편 예전에는 자신의 출세를 위해 보다 적극적으로 신체 개조에 나섰던 남자들도 있었다. 여러분들도 알고 있을 중국의 환관(내시)들이다. 일반인들이 정규 관료로 출세하려면 경쟁이 매우 치열한 과거시험에 합격하는 일 외에 환관이 되는 길밖에 없었다. 실제로 '출세를 위한 성기 절단'을 희망하는 남자들은 매우 많았다.

'마지막 황제'로 유명한 선통제 푸이는 1924년까지 자금성에서 계속 살았는데, 성내에는 환관이 약 2000명이나 있었다. 무려 20세기까지 존속한 풍습이었던 것이다.

모래를 가져가서
죄송합니다

돗토리 모래사장의 모래를 가지고 가서는 안 된다.
– 일본 자연공원법 제13조 –

2000년 홋카이도에서 방영된 오락 프로그램인 〈수요일 어떤가요?〉 중 돗토리 모래사장을 방문한 기념으로 스쿠터 짐칸에 모래를 실어가는 장면이 시청자들의 눈에 강한 인상을 남긴 적이 있다. 그 뒤에도 〈수요일 어떤가요?〉는 대단한 인기를 모아 전국 각지에서 방송하게 되었고 7년이 지난 2007년에 다시 돗토리에서 방송되었다. 그러다 앞에서 말한 모래를 가지고 가는 방송 장면을 본 한 시청자가 "이거 법률 위반이 아닌가요?" 하고 지적을 하면서 문제가 드러나게 되었다.

방송국은 바로 위법 행위였다는 것을 인정하고 사죄했다. 참고로 돗토리 현에서는 그 지역 풍물로 '돗토리 모래사장의 모래'를 팔고 있는데, 지역 상점 주인이 "사실 그건 돗토리 현의 모래가 아니다"라고 말하는 모습도 방송되었다. 사실은 이게 더 문제가 될 것 같지만.

엄밀히 말하면 일본 고교 야구 구장으로 유명한 고시엔甲子園의 흙을 가지고 간 선수도 고시엔 구장의 재산을 훔친 것으로 간주되지만 일종의 관례로 인정받아 묵인된 사건도 있다. 이 고시엔의 흙도 실은 두 곳에서 가져온 흙을 섞어 만든다. 하나는 일본 국내산 흙이고 하나는 중국산 모래인데, "앞으로도 계속 흙을 섞어가며 연구할 것"이라고 공식 홈페이지에 쓰여 있다.

확실히 죄라고 생각하는
사람도 있지만

음치인 사람이 공공장소에서 노래를 부르는 것은 위법이다.
— 미국 노스캐롤라이나 주법 —

얼마나 노래를 못해야 음치라고 할 수 있을까? 그리고 그것은 누가 판단하는 것일까? 얼굴만 예쁘고 노래는 못하는 아이돌 가수는 법적으로는 '공해'로 여겨지는 소리를 내도 되는 것일까? 판단하기 어렵다.

아무리 노래를 잘해도 도를 넘는 행동을 하면 벌을 받을 수 있다는 것을 세상에 알리게 된 것이 자넷 잭슨의 2004년 '가슴 노출 사건'이다. 자넷 잭슨은 미국의 국민 쇼 슈퍼볼

하프타임쇼에 출연해 가슴을 노출시키는 사건을 일으켰다. 이 사건이 연일 언론에 크게 오르내리자 처음에는 그저 우연한 사고였다고 해명했지만, 이내 화제를 만들기 위해 의도적으로 벌인 연출이었다고 고백했다.

이 사건에 대해 미국 연방통신위원회는 무려 55만 달러나 되는 벌금을 부과했다. 당사자인 자넷 잭슨은 화제 만들기에는 성공했지만 그 다음 달에 발표한 앨범 〈다미타 조 Damita Jo〉는 실패했다.

오빠인 마이클 잭슨도 아동 성학대(재판에서 무죄로 판명)로 세간의 비난을 받았는데 자넷 잭슨은 "내가 비난을 받아보니 이제야 오빠의 마음을 알 것 같다"고 말했다. 역시 동병상련의 아픔이 남매 사이를 돈독하게 해준 모양이다.

세세한 것보다
두루뭉술한 게 나을 듯

던킨도너츠 앞에 주차를 해서는 안 된다.
― 미국 메인 주 사우스 버위크 조례 ―

메인 주에서도 사우스 버위크라는 작은 마을의 조례다. 작다고는 해도 던킨도너츠 정도는 있는 걸 보면 그런대로 큰 마을이라고도 할 수 있을 것이다. 이 마을 버위크 재단 초등학교와 교환 학생 제도를 실시하고 있는 일본의 교육 기관도 있다. 그래서 이 조례에 대해 버위크 재단 학교에서 유학했던 학생에게 한번 물어보고 싶은 마음도 생긴다.

도쿄에도 사실 '이렇게 세세하게 정해놓은 것도 있었나'

싶은 조례가 있다. 통칭 '바가지 금지 조례'라고 하는 것인데, 도쿄 안에 '바가지를 씌우면 안 되는 지역'을 조례로 지정해 놓은 것이다. 가부키초라든지 이케부쿠로 같은 지역 이름도 아니고 해당 지역 가운데에도 2가, 3가라고 정확히 분류해서 지정해 놓았다.

아니, 그럴 거면 아예 도쿄 도의 조례로 '모든 상점에서 바가지를 금지하라고 정하면 되지 않나' 하고 생각할 수도 있지만, 아마도 특별히 단속을 강화하고 싶은 지역이 있기 때문에 그렇게 한 모양이다.

결혼도 나라의 사정에 따라?

결혼 연령은 남자는 만 22세, 여자는 만 20세로 한다.
결혼도 출산도 늦게 할 것을 권장한다.
- 중국 혼인법 제6조 -

결혼이나 출산은 개인의 결정에 근거하지만 (중략) 가정과
육아에 대한 꿈을 가지고 (중략) 저출산 현상이 더욱
심각해지는 것을 막는 것이 지금 더욱 절실히 요구된다.
- 일본 저출산 사회 대책 기본법 -

세계적으로 만혼이나 저출산을 권고하는 내용을 조문에 넣는 것은 드문 일이다. 중국은 법적 결혼연령을 일본보다 네 살이나 올렸을 뿐만 아니라 국가 정책으로 결혼과 출산에 대해 부정적인 입장을 보이고 있다.

중국에는 원래 다자다복多子多福 사상이 있어 중국인들은 아이가 많으면 많을수록 좋다고 여겼다. 그러나 인구 폭발을 피하기 위해 정부는 1979년부터 '한 아이 낳기 운동'

을 강력히 추진해 왔다. 중국의 인구는 1950년대에는 약 5억 명이었지만 60년대에는 8억 명, 그리고 현재는 13억 명이다. 그래서 법률을 위반해 도시에서 둘째 아이를 낳았을 경우, 보통 사람 월급의 80개월분에 해당하는 어마어마한 벌금을 내야 한다. 과잉 인구가 국가 발전을 저해한다고 판단해 위와 같은 조치들을 오랜 세월 취하다 보니 이제는 저출산 정책이 당연시되고 있다.

일본의 경우는 어떨까? 저출산 문제에 대한 심각성을 외치기 시작한 지 10년, 현재 다양한 정책이 진행 중이다. 2003년에는 '저출산 사회 대책 기본법'을 제정했고, 같은 해 '저출산 담당장관'이 처음으로 등장했다.

중국도 '앞으로 심각한 고령화사회에 직면할 것'을 우려해 2010년경에는 저출산 장려 정책을 폐지할 예정이다.

사랑은 지구를 멸망시킨다

노숙자에게 음식을 줄 경우 최고 6개월의 징역에 처한다.
- 미국 네바다 주 라스베가스 조례 -

관광산업의 발전과 동시에 최근 10년 동안 라스베가스 노숙자들의 수가 두 배로 늘어나 약 1만 2천 명이 될 것으로 추산되고 있다. 일본의 홋카이도 유바리 시 인구와 비슷한 숫자다. 그래서 노숙자 범죄 행위나 쓰레기 문제 등과 관련한 시민들의 다양한 고충에 해결책을 제시하고자 조례를 제정하게 되었다.

25명 이상이 공원에 허가 없이 모여서는 안 된다

– 미국 네바다 주 라스베가스 조례 –

　이것도 노숙자 대책의 일환으로 만든 조례다. 인권단체 등이 '이 조례는 위헌'이라고 제소했다고 하는데 어떻게 될지 모르겠다.

일본에도 예상치 못한 곳에 의외의 조례가 있다. 효고 현 고베 시는 개인적으로는 멋진 도시의 이미지가 있는 곳이지만, 지난 2002년 "시민의 생명과 안전한 환경을 지키기 위해 시내 규정 구역의 멧돼지에게 먹이를 주어서는 안 된다"(고베 시 멧돼지 출몰 및 멧돼지로부터의 위해 방지에 관한 조례)라는 조례를 만들었다.

사실 롯고산이 뒤에 있기 때문에 고베는 원래 멧돼지가 출몰하기 쉬운 환경이다. 그런 데다가 시민들이 먹이까지 주니 주택가에까지 나타나게 되었다고 한다.

그 고장의 풍습은 어쩔 수가 없다

"물 한 잔 주십시오" 하는 부탁을 받았을 때,
물을 가지고 있는 사람은 반드시 주어야 한다. 주지 않으면 불법이다.
- 미국 애리조나 주법 -

애리조나는 선인장이 무성한 사막과 침엽수가 많은 산맥이 영토의 대부분을 차지한다. 이런 곳에서는 물이 있느냐 없느냐가 건강과 생사를 좌우하는 중요한 일이 된다.

예부터 물을 달라는 손이 있을 때는 긴급사태의 가능성이 있는 것이므로 내주는 것이 도리였다. 물론 자신에게 여유가 있는 한도 내에서다.(마지막 한 잔의 경우에는 상대방과 합의해 정하도록 하시라)

그러므로 조문에서도 '위법'이라고 쓰지 않고 '불법'이라는 애매한 말을 사용하고 있다. 일본에서 산장을 운영하는 사람에게 "악천후로 피난을 온 등산객은 아무리 산장이 붐비더라도 받아주어야 한다"고 정해놓은 것과 같은 예다. 이런 것을 명문화한 조문인 것이다.

마찬가지로 가지지 못한 자에게 무언가를 나눠주어야 한다고 정해놓은 법으로 다음과 같은 것이 있다.

형무소에서 죄수가 출소할 때에는 무사히 나갈 수 있도록 총알이 장전된 권총을 제공해야 한다.

- 캐나다 앨버타 주법 -

집행유예도 나라마다
그 용도가 다르다

> 사형 집행유예 판결을 받은 자가 집행유예 기간 중에 고의로
> 범죄를 저지르지 않는다면 2년 만기 후 무기징역으로 감형한다.
> 그러나 이 기간 중 고의로 범죄를 저지른 것이 확실한 경우에는
> 최고인민법원의 허가에 따라 사형을 집행한다.
>
> — 중국 형법 제50조 —

중국 랴오닝 성 심양 시 중급인민법원은 하카타에서 사토 마사히코 씨를 살해한 혐의로 기소된 중국인 유학생 주박周博에게 집행유예 2년 사형판결을 내렸다.

— 마이니치 신문 2006년 12월 7일 —

중국 관련 뉴스를 보면 가끔 이런 '집행유예 사형 판결'이 나온다. 일본은 물론 서양이나 중동 지역에도 잘 알려지지

않은 이 '집행유예 사형'이 중국에서는 매년 내려지고 있다. 당사자에 대한 재교육 목적이 강한 형벌이다. 원래 중국은 형벌이 매우 엄격해 성범죄나 뇌물 수수, 마약 밀매, 매춘 등에도 사형을 내린다.

  엠네스티의 보고에 따르면 2004년에만 중국에서 3400명의 사형이 집행되었다고 한다. '그렇다고 뇌물수수와 매춘으로 사형당하는 건 너무 심한 게 아닌가?' 하고 생각하는 건 필자뿐일까?

4장

성인 법률 교실

세상에서 가장 서러운 세금

> 20세 이상의 독신 남녀는 각자의 소득에 따라
> 소득 전체의 5~10%를 독신세로 납부해야 한다.
> — 불가리아 독신세법 —

'스모계의 베컴'으로 불리며 단정한 용모로 인기가 높은 오제키 고토오슈. 그의 모국인 불가리아에서는 일본에서도 최근 제안이 되어 화제를 모은 '독신세'가 실시된 적이 있다. 독신세의 세율을 일본의 30대 직장인 평균 소득인 540만 엔(7천 20만 원) 기준으로 계산해 보면 연간 27만 엔(약 350만 원)~54만 엔(약 700만 원)을 내게 되는 것이다. 독신을 원하는 대가는 월 2만 엔(26만 원)~5만 엔(65만 원)인 셈!

불가리아는 예전부터 저출산을 심각한 문제로 다루어 왔다. 정부는 "저출산은 심각한 문제다. 최선을 다해 결혼하라"는 의미에서 1968년에 독신세를 도입했다. 그러나 결혼은 국가가 강제할 수 있는 것이 아니라는 의견도 나오고, 소련 붕괴의 여파로 국가 경제가 침체에 빠지면서 저출산 현상이 더욱 심화되었다. 현재 출산율은 1.0을 밑돌고 있다.(세계적으로도 1.0을 밑도는 나라는 5개국뿐. 참고로 일본은 2006년에 1.32였다.)

이 법률은 실제로 효과가 거의 없었기 때문에 1989년에 폐지되었다. 고토오슈는 1983년생이기 때문에 폐지 당시 6세였다. 납부할 기회를 놓친 세금이다.

사실 제2차 세계대전이 일어나기 전 일본에도 이 독신세가 도입된 적이 있다. 1941년, 향후 군인 수를 늘리기 위해 25세 이상의 여성과 30세 이상의 남성(모두 독신)으로부터 독신세를 징수해 그 세수를 자녀가 5명 이상인 가정으로 돌리자는 내용이 일본 각의에서 결정되어 몇 년 동안 실시되었지만 전후 폐지되었다.

당신들의 잔머리에 존경을…

호객 행위 금지.
－오사카 부 대중에 심한 민폐를 끼치는 폭력적 불량 행위 방지에 관한 조례 제9조－

2007년 오사카 부 미나미에 성매매 업소를 소개하는 무료 안내소 앞에 세일러 복장을 한 인간형 로봇이 등장해 화제가 되었다. 로봇은 "나한테 물어봐"라고 쓰여 있는 깃발을 흔들며 손님을 업소 안으로 끌어들였다. 2005년에 매춘업소의 호객 행위가 오사카 부 조례로 금지된 뒤 이에 업소들이 대항해 만든 방법인데, 실제 사진으로 보았더니 정말 대단해 보였다.

필자가 젊었을 때 영화관에 가던 중 호객 행위를 하는 사람들과 몇 번 마주친 적이 있다. 그래서 좋은 이미지를 가지고 있는 것은 아니지만 '나한테 물어봐 로봇'만큼은 왠지 지지해 주고 싶은 생각이 들었다. 정말 잘도 고안해 낸 방법이 아닌가.

 이 로봇 때문에 경찰들도 골머리를 앓는다고 한다. 세일러 복장을 한 로봇을 체포해서 조사할 수도 없고 참 곤란할 것이다. 그렇다고 이 로봇을 설치한 사람을 연행하자니 호객 행위 자체는 하지 않았기 때문에 그럴 수도 없다.

 조금 꺼림칙하지만 인형에게 호객 행위뿐만 아니라 성행위 자체를 시키는 장사도 활발히 이루어지고 있다고 한다.

금지된 장난감

성인용 장난감에 관한 전단지를 뿌려서는 안 된다.
-오사카 부 대중에 심한 민폐를 끼치는 폭력적 불량 행위 방지에 관한 조례 제9조-

각 광역자치단체에 이런 민폐 방지 조례는 있지만 이처럼 '성 도구'를 구체적으로 금지하고 있는 곳은 이 오사카 부와 블루셀라(블루머와 세일러복의 합성어로, 여학생들이 자신들이 착용했던 의류를 특정 수요자들에게 판매한다-옮긴이)를 금지하는 효고 현, AV(성인비디오) 출연을 규제하는 도쿄 도 정도다.

이와 비슷한 민폐 방지 조례로 이와테 현에 "산 위에서 바위를 굴러 떨어뜨려서는 안 된다"라는 조례가 있다.

혹시 눈이 많이 내리는 곳에 '눈싸움 금지 조례' 같은 것은 없을까 조사해 보니 나가노 현에 "스키를 탈 때 스키를 타고 있는 다른 사람 앞에서 급정거, 급회전, 횡단 등을 금지한다"라는 조례가 있었다. 이를 위반할 경우 모두 벌칙(벌금, 상습적이면 징역)이 부여된다.

한편 "한 집에서 소유할 수 있는 성 도구는 2개까지. 3개 이상은 위법"(미국 애리조나 주)이라는 조문도 있다. 뉴욕 시장이었던 루디 줄리아니는 1994년에 '포르노 제품이 반 이상인 상점'을 규제했다. 이에 반발한 업자들이 '49%는 포르노 제품, 51%는 줄리아니 관련 상품'이라는 이례적인 상점을 열어 화제가 된 적이 있다.

미국 웨스트버지니아에서
불륜이란?

바람을 피웠을 경우 20달러 벌금형에 처한다.

– 미국 웨스트버지니아 주법 –

이 법률에 대해 알려준 친구(기혼 여성)는 "고작 20달러가 뭐냐고!" 하며 소리를 쳤다. 주부 입장에서 볼 때 벌금 20달러(2500엔)면 불륜이 문제되지 않는다는 것은 분명 말이 안 되는 이야기일 것이다.

예전에 지인이 자전거를 둘이서 타다 경찰에 걸려(일본에서 두 명 이상이 자전거를 타는 것은 불법이다-옮긴이) 똑같은 2500엔의 벌금을 낸 적이 있다고 한다. 항상 주의만 줬었는데 경찰관들이 점수를 모으는 시기였던 연말에 걸린 것이 운이 없었던 것이라며 한탄했다. 일본의 도로교통법에는 자전거를 둘이 타는 것은 '2만 엔 이하의 벌금을 내야 하는 일'로 규정되어 있다. 2500엔은 오히려 운이 좋았던 것일지도 모른다.

웨스트버지니아 주에서는 불륜이 자전거를 둘이서 타는 일 정도의 가벼운 죄로 여겨지는 것이다. 그나마 내는 벌금 20달러도 배우자에게 주는 것이 아니라 어디까지나 경찰관에게 지불해야 한다. 자기 배우자가 바람을 피워 화가 머리끝까지 치밀어 오르는데 경찰관에게 붙잡혀 벌금 20달러까

지 내고 온다면 더더욱 어이가 없을 것이다.

   그런데 일본에서는 민사는 그렇다 치더라도 형사상으로 불륜은 어떠한 죗값도 묻지 않는다. 완전한 무죄인 것이다. 사실 그렇다기보다는 이를 단속하는 법률이 없다. 제2차 세계대전 이전까지는 간통죄가 있었지만 전후 폐지되었다.

   바람을 피웠을 경우 가장 무거운 형벌을 내리는 나라는 이슬람 국가들이다. 이들 나라에서 간통은 '죽을 죄'라고 한다.

초야권이라는 게 있었다

처녀인 신부와 첫날밤을 함께할 권리는 영주에게 있다.
- 중세 유럽 -

첫날밤을 함께할 권리는 이른바 '초야권'이라고 하여 많은 문학 작품 속에 등장하고 있다. 실제로는 신랑이 권리를 사서 되찾을 수 있었다. 즉 자신의 신부가 지명당했을 경우 신랑은 준비한 돈으로 이 권리를 사서 없던 일로 했던 것이다.

결국 초야권의 실체는 세금이었다. 어쨌거나 견세(네덜란드 현행법), 독신세(불가리아), 화장실세(로마), 개구리세(프랑스)까지 있었던 유럽이다. 그러니 결혼이라는 인륜지대사에

세금을 징수하는 것도 별로 이상하지 않았을 것이다. 아마 큰 수입원이 되지 않았을까?

참고로 투르크메니스탄에는 "외국인이 투르크메니스탄 여성과 결혼할 경우 5만 달러의 세금을 내야 한다"는 법률이 있다고 한다. 이 법을 제정한 니야조프 전 대통령이 말하길 "투르크메니스탄의 여성이 너무 아름답기 때문"이라나 뭐라나.

당신은 세계 평균입니까?

성행위는 16세부터 해도 되지만 16세~17세 청소년이
성행위를 할 경우에는 연장자의 지도 및 감독이 필요하다.
지도 없이 성행위를 해도 괜찮은 나이는 18세부터다.
- 호주 법 -

콘돔 제조업체 듀렉스사社가 주요 나라들의 첫 경험 연령 통계를 발표했다. 2005년 자료에 따르면 전 세계 평균이 17.3세, 가장 높은 인도의 경우 19.8세, 일본이 17.2세, 미국이 16.9세, 가장 낮은 아이슬란드가 15.6세였다.

일본에 성행위 연령을 정한 법률은 없다. 그러나 13세 미만의 여성과 성교를 하면 합의하에 이루어진 일이라 하더라도 강간죄가 성립된다. 또한 성인과 18세 미만의 아동과의 성행위를 단속하는 음행 조례가 각 광역자치단체에 정해져 있다. 18세 미만의 아동 간의 성교도 금지해야 한다는 의견이 있기도 하지만 현시점에서는 반대의 목소리가 높아 실제로 제정되지는 못했다.

또한 일본에는 '아동 포르노법'이라는 것도 있다. 제정된 것은 세기말인 1999년, 세상이 "노스트라다무스의 예언은 사실일까?" 하며 떠들썩거리던 시기의 일이다. 비디오나 사진을 규제하는 것은 당연하지만 그림이나 만화도 규제해야 할지 여부가 논의되었다. 법률에 '시각으로 인식할 수 있는 것'이라는 규정이 있기 때문이다. 결국 "성적 자극의 유무를 묻는 것이 아니라 피해 아동의 구제를 주된 목적으로 하고 있기 때문에 실재 인물을 모델로 한 영상이나 그림, 만화는 위법이다. 가공의 인물이라면 묘사는 괜찮다"는 결론을 내렸다.

상식을 넘는 방법이란?

동성과 상식을 넘는 방법으로 성교를 하는 것은 위법이다.
- 미국 텍사스 주법 -

"상식을 넘는다"는 것은 어떤 방법일까? 사실 그게 더 알고 싶다. 그러나 법조문에는 이 이상 아무런 이야기도 나오지 않는다. 나머지는 배심원이나 판사의 재량에 맡긴다는 것일까?

동성끼리라는 관점에서 상식을 넘는다고 판단하는 것도 이상하다. 애당초 일본과 서양은 남성의 동성애에 대한 가치관의 차이가 컸다. 기독교권에서 동성애는 분명 죄악이다. 바로 얼마 전까지만 해도 병이라고 했을 정도다. 미국에서는 '소돔법'이라고 해서, 많은 주에 동성애를 금지시키는 법이 있었다.(1968년에는 미국 모든 주에서 실시. 1997년에는 25개 주, 2003년에는 13개 주)

　일본에서 남성 간 동성애는 '슈도'(남색) '치고'(남색의 상대가 되는 미소년)라고 하여 에도 막부 말기까지는 상당히 공공연한 일이었다. 서양처럼 어둠의 존재로 발각될까 두려워하며 남몰래 행한 것이 아니라 엄연한 성생활의 일부로 자리 잡고 있었던 것이다.

　일본의 '슈도'와 서양의 '소도미sodomy'(남색)의 가장 큰 차이는 일본의 경우에는 대부분이 바이섹슈얼(양성애자)이었다는 점이라고나 할까? 여성이 싫은 것이 아니기 때문에 제대로 가정도 꾸리고 있으면서 아이도 있고 또 그것과는 별개로 남색도 있었다. 정말 대단한 에너지다.

짧은 여가도 아까워하며
사랑을 나누는 것도
멋지기는 하지만

택시 운전사가 교대 근무 사이에
택시 앞좌석에서 사랑을 나누는 것을 금지한다.
– 미국 메사추세츠 주법 –

직업별로 금지사항을 정한 법률 중 하나다. 그런데 뒷좌석이라면 괜찮다는 것일까? 핸들 같은 것이 있기 때문에 앞좌석은 사랑을 나누기에 상당히 자유스럽지 못한 공간인데 반해 뒷좌석이라면 어떻게든 될지도 모르겠다. 어쩌면 사랑을 나눌 남성에게는 희소식이 아닌지.

일본에도 특정 직업에만 적용하는 법률이 여럿 있다. 우체국 직원이 편지를 마음대로 뜯어보거나 읽어봤을 경우에는 최고 징역 3년이다. 복권 판매업자가 직업상 알게 된 당첨자의 이름과 주소 등을 누군가에게 유출했을 경우 최고 징역 2년에 처해진다.

그리고 보통과는 반대로 남성의 나체를 훔쳐보았을 경우 각 지자체 조례로 엄격하게 처벌을 하는 곳들도 있는데, 이때 공중목욕탕 카운터에 앉아 있는 사람은 예외다. 그러나 예전에는 탈의실이나 욕조 쪽을 향해 있던 카운터도 지금은 안이 완전히 보이지 않는 위치에 설치해 놓은 경우가 많다.

미국의 세인트루이스에는 "우유 배달업자는 근무 중에 뛰어서는 안 된다"라는 법률도 있다고 한다.

성행위는 정해진 장소에서

차 안에서 성행위를 해서는 안 된다.
- 미국 미시간 주 디트로이트 시 조례 -

디트로이트라는 것이 포인트다. 말하지 않아도 아는 세계적인 자동차 생산지. 마을의 상징인 자동차 안에서는 하지 말라는 얘기인 것일까?

일본의 공공장소에서 성행위를 한 자는 외설죄로 6개월 이하의 징역이나 30만 엔(390만 원) 이하의 벌금형에 처해진다. 성인 비디오 촬영을 할 때도 기본적으로는 공공장소가 아니라 스튜디오 등에서 스태프의 도움으로 이루어지기 때문에 외설죄를 묻지 않는다. 그러나 전철 안이나 공원 등에서 촬영을 했을 경우에는 얘기가 다르다. 다만 위와 같이 특정 장소를 밝혀두고 성행위를 금지하는 법률은 현재 일본에 없다.

일본의 관련 조례는 대부분이 연령 제한(청소년에 대한 음행 조례)이나 매춘 금지 조례다. 그중 "뭐 어때서?"라는 말로 최근 도쿄도의 이야기가 화제가 되었다.

도쿄 도의회에서 중학생 이하 청소년·어린이들의 성교를 금지한다는 조례를 제안하자 "자유에 대한 간섭이 아니냐" "그런 것까지 관리하느냐" 등 비난의 목소리가 높아졌다. 그러자 이시하라 신타로 도지사도 "중학생의 성행위를 금지하라니, 그게 뭐 어때서!"(2004년 정례 기자회견)라고 말하며 조례 제정에 시큰둥한 반응을 보였다. 하긴 그 유명한 〈태양의 계절〉(제2차 세계대전 이후 젊은이들의 자유분방한 풍속을 그린 작품-옮긴이)로 데뷔했을 정도니 이 정도의 발언은 해야 하지 않을까?

애매와 **엄격 사이**

> 혼음파티에 여러 번 참석했을 경우 최고 징역 5년에 처한다.
> – 중국 중화인민공화국 형법 사회 관리질서를 방해한 죄 –

현실의 다양한 사건들을 법으로 재판하며 판단하기 위해서는 약간의 애매함이 필요하다고 생각한다. 그러나 그렇다고 하더라도 위의 법률은 너무 애매한 게 아닐까? 여러 번이란 대체 몇 번을 말하는 것인가? "한 번이라면 경고, 두 번이라면 벌금, 세 번이라면 형무소" 이런 식으로 정해놓은 것이라면 분명한 판단이 가능하다. 하지만 그렇다 하더라도 이런 파티는 비공식적으로 이루어지기 때문에 정식 참가 횟수는

본인이 자백하거나 이에 대한 면밀한 조사를 해야 알 수 있지 않을까?

혼음파티가 범죄냐 아니냐는 나라마다 다르다. 일본의 경우 단지 그것뿐이라면 무죄다.

법률을 제정할 때 무엇을 엄격하게 규정하고 무엇을 애매하게 해두느냐는 그 나라 국민성에 따라 크게 좌우되는 것 같다. 그런 의미에서 위의 법률은 중국에서는 엄격하지 않은 부류에 속하는 것일까?

검사할 게 따로 있지…

> 혼인 외 성교를 한 자는 사형에 처한다.
> – 이슬람 법 –

2007년 여름, 인도네시아의 인드라마유 지구에서 고등학생 두 명의 성교 장면을 찍은 동영상이 휴대전화로 유포된 사건이 있었다. 이 사태를 심각하게 생각한 지역 간부가 여고생들을 대상으로 처녀 검사를 하겠다고 발표했으나 "그건 좀 심하지 않느냐"는 학생과 보호자, 인권운동가들의 반대로 무산되었다.

여기서 궁금한 것은 '만약 처녀가 아니라는 것'을 알았다

면 어떻게 할 것이냐는 것이다. 인도네시아에는 많은 이슬람교도들이 있으니 만일 적발된다면 사형시킬 것인가? 그러고 보니 사태의 심각성에 놀라게 되었다. 실제로 인도네시아는 비교적 규율이 엄하지 않으며 젊은이들 사이 혼전 성관계도 드물지 않은 일이었다고 한다.

일본의 경우 성 규제가 아주 엄하지 않은 관대한 나라다.

메이지 시대에 서양 사고방식이 들어오게 되면서 오히려 엄격해진 역사가 있다. 각 지방에 요바이(밤에 남자가 여자의 침소에 숨어들어 정을 맺던 일-옮긴이) 풍습이 있어 나이가 찬 여자의 침소에 여러 명의 남자가 드나드는 게 드물지 않은 일이었다. 기본적으로는 여자의 침소에 남자가 다녀가는 형태지만 일부 지역에서는 여자가 남자를 '요바이' 하는 일도 있었다나 뭐라나. 2007년에는 한 탤런트 커플이 '속도위반'으로 결혼을 해 화제가 되었다. 옛날이나 지금이나 마찬가지인 건지도 모르겠다.

아래가 보이고
위가 안 보이는 경우도 있지만

유두의 상반부는 보여도 되지만 하반부는 보여서는 안 된다.
- 미국 델러웨어 주 레호보스 해안 지구 조례 -

리조트로 유명한 해안의 조례다. 확실히 리조트에는 다른 곳보다 노출이 심한 사람들이 많을 것이다. 그런데 정말 궁금한 것은 단속 방법이다. 유두의 상반부와 하반부의 경계를 '누가 어떻게 측정하며 어떤 방식으로 정해 단속'할지 매우 어려운 문제다.

일본에서 혼욕은 위법이 아니다. 다만 공중목욕탕의 경우, 12세 이상(각 광역자치구에 따라 다르다)은 금지되어 있으며 미에 현, 효고 현 등에서는 조례 위반이다. 도쿄 도의 경우 수영복이 의무화되어 있다. 물론 젊은 여성이 들어왔다고 해서 힐끔힐끔 쳐다보는 것은 매너에 어긋나는 일이며 남성이 자신의 성기를 자랑스레 남에게 보이는 것도 논외의 이야기다.

　이슬람 국가에서는 건전한 가정을 만들기 위해 배우자가 아닌 사람과의 성교를 일체 부정하고 있다. 결혼 상대자가 아닌 사람과의 성행위는 사회의 기반을 흔드는 범죄로 간주된다. 이와 같은 일이 일어나지 않도록 하기 위해 여성은 남성이 유혹당하지 못하도록 의복으로 "신체를 감싸야 한다"고 코란에 쓰여 있다. 노출이 허락되는 부분은 발목 아래와 손목부터 손가락 끝 부분까지만이다. 얼굴도 보여서는 안된다. 실제로 이슬람 국가들의 성범죄 발생 건수는 다른 나라에 비해 적다고 한다.

하여튼 남자들이란

> 설령 정욕을 참을 수 없는 상태라 하더라도 생리 중에 있는
> 아내에게는 성교를 요구해서는 안 된다. 같은 침상에 누워서도
> 안 된다. 왜냐하면 만일 생리 중인 여성을 가까이 한다면
> 남성의 지력, 위력, 체력, 시력, 수명을 잃을 수도 있기 때문이다.
> - 인도 마누법전 -

보통이라면 '여성들을 위한' 이유로 이런 법률이 정해졌을 거라 생각하기 쉽지만 이 법률은 어디까지나 남성들의 관점에서 '만일 그렇게 한다면 이런 심한 꼴을 당할 수 있다!'는 것을 염두에 두어 나온 것이다.

몇 년 전 '부적절한 장소에서의 발기 금지령'이란 통칭으로 미국 각지에서 조례화 되었던 "사람들 앞에서 성적으로 흥분해서는 안 된다"라는 조례를 조사한 적이 있다. 앞의 이름으로 불리니만큼 대상이 남성이라는 것은 다들 아시리라 생각된다. 인도네시아에는 "친족 이외의 상대와 대중들 앞에서 5분 이상 키스해서는 안 된다"라는 법률이 있다.

참고로 부부 사이에 강간죄가 성립하느냐의 여부는 일본의 경우, 부부 간에는 성행위에 관해 포괄적인 합의가 있다고 간주하기 때문에 엄청난 폭력을 동반했다거나 몸에 상처를 입히지 않는 이상 판단하기 어려울 것 같다.

'부부 간의 성적 폭행이 범죄가 되느냐'는 국가별 조사에 따르면 '부부 간에는 범죄가 되지 않는 나라'가 '부부 간에도 범죄가 되는 나라'의 수보다 조금 많다는 결과가 나왔다고 한다.

그걸 볼 수 있는 사람은
몇 명입니까?

> 여성이 자신의 성기에 피어싱을 할 경우 징역 2~20년형에 처한다.
> – 미국 조지아 주 여성보호법 –

이 법률이 제정된 것은 2004년이다. 참고로 이 법률에는 "남성이 자신의 성기에 피어싱을 하는 것을 금지한다"는 규정은 없다. 같은 행위를 해도 여성만이 무거운 처벌을 받는다. 법률명은 '여성보호법'으로 되어 있긴 하지만.

　강제로 피어싱을 당한 경우는 당연히 상대가 처벌을 받지만 자기 스스로 한 경우에는 '여성만 처벌'을 받는다니 여성보호법이라기보다 여성학대법이나 차별법이 아닐까 하는 생각도 든다.

 신체 개조라고도 할 수 있는 이런 행위에는 가네하라 히토미 씨의 아쿠타와상 수상작 〈뱀에게 피어싱〉에서 소개된, 혀를 뱀처럼 두 가닥으로 나누는 스플릿 텅split tongue이나 자신의 피부 밑에 금속을 심어 피부 표면을 입체적으로 돌기시키는 아트 임플란트art implant 등이 있다. 최근 젊은이들 사이에서 유행하고 있는 문신도 그중 하나라 할 수 있겠다.

 참고로 필자가 얼마 전까지 일했던 직장에서는 20명 중 2명이 문신을 했었다. 두 사람 모두 성실한 남녀 젊은이들이었다. 새삼스레 '유행'이라는 것을 느꼈다. 하긴 예전에는 머리카락을 금발로 염색하는 것이 몹시 불량스러운 일이었는데 지금은 당연한 일이 되었으니, 그런 신체 개조도 언젠가는 당연한 일이 되지 않을까?

5장

법은 동물을 사랑하나?

개 팔자도 편하지가 않아!

> 개도 세금을 내야 한다. 징수한 세금은 개 분뇨 청소에 쓰인다.
> – 네덜란드 견세법 –

일본에서 개를 키우려면 지자체에 등록을 해야 한다. 광견병 예방 접종을 받았는지 여부 등을 확인하기 위해서다. 등록하지 않으면 야생견으로 간주되어 소탕 대상이 된다. 고양이의 경우 반드시 등록해야 하는 것은 아니다.

네덜란드에서도 개를 키울 때 등록이 필요하지만 그 이유는 매년 세금을 징수하기 위해서다. 그 세금으로 각 지자체는 도로에 굴러다니는 개똥을 청소한다. 네덜란드의 개 주

인들은 산책을 할 때 매번 분뇨 청소를 면제받는 대신 매년 약 1만 엔(13만 원)의 세금을 내는 것이다. 그렇다고 해서 "우리는 우리가 청소하니 세금을 안 내도록 해달라!"고 요구할 수 있는 것도 아니다. 개를 한 마리 키울 때마다 정확히 세금을 내야 한다. 두 마리 이상이면 세금 액수가 더욱 커진다. 참고로 고양이도 배변을 하지만 세금은 징수하지 않는다. 개와 달리 고양이는 대변을 보아도 모래 등을 덮어서 숨기는 습성이 있으므로 그다지 눈에 띄지 않기 때문이다.

"냄새나는 것에는 뚜껑을 덮어라"라는 일본 속담은 적어도 네덜란드에서는 어느 정도 맞는 이야기다.

키우는 사람도 괴롭다

개를 키우는 사람은 매일 개를 산책시켜야 한다.
산책을 시키지 않는다는 신고가 있으면 개 주인은 처벌받는다.

— 이탈리아 토리노 시 조례 —

"옆집에 사는 ○○씨는 감기에 걸렸다는 이유로 3일 전부터 치와와 XX를 데리고 나가지 않는다. 계속 이러면 XX가 너무 불쌍하다. ○○씨는 인격자지만 어쩔 수 없이 신고를 한다."

이 지역에는 이런 긴급 신고 전화라도 있는 것일까?

서양에서는 동물 애호 정신이 투철한 사람이라면 충분히 그럴 수 있을 것이다. 물론 그 후 이웃끼리의 관계가 조금 걱정은 되지만.

일본의 동물 애호 운동 사이트를 보면 "일본은 아직 법 정비가 잘 되어 있지 않지만 계속 이런 신고를 해서 동물 애호 정신을 확산시켜 나가자"는 운동이 활발히 전개되고 있는 듯하다.

"공원 등지에서 학대받는 개를 발견하면 휴대전화로 촬영해서 증거로 삼자" "모두가 순찰하면서 증거 사진을 찍자" "인터넷에서 동물 학대 사진을 보면 경찰에 신고하자" 등의 글이 올라와 있다.

"학대받았을 가능성이 있는 개와 고양이를 긴급구조 차원에서 동물병원에 데려가 수의사에게 증명서를 받는 방법"도 올라와 있지만 그것은 관점에 따라서는 애완동물 도둑으로 몰리지 않을까 하는 생각이 든다.

어떤 개들의 팔자

> 개 사육자는 다 자란 개의 경우 하루 두 시간씩 놀아주어야 한다. 단 여러 마리를 키울 경우에는 개들 간에도 커뮤니케이션을 할 수 있으므로 보호자와의 접촉은 30분이면 충분하다.
>
> – 독일 동물보호법 –

그레페 아야코 씨의 저서 《독일 개는 왜 행복한가?》를 읽어보면 독일에는 개 학교가 있어서 '개 주인 보호자회'도 열린다고 한다. '개 유치원'도 있을 정도니 그야말로 인간처럼 대우를 받고 있는 것이다. 참고로 전차도 성인의 반 가격으로 자유롭게 탈 수 있다고 한다.(일본의 경우 맹인견 등을 제외하고 일반 개들은 전차를 탈 때 화물로 취급해 요금을 책정하고 있다)

한편 "개를 풀어놓고 키우는 것을 전면적으로 금지한다"

(오키나와 현 다라마 촌 족제비 보호조례)고 하여 개를 해수(해로운 짐승) 취급하는 조례도 있다. 그 이유는 농작물을 지키기 위해서다. 이 마을에서는 귀중한 농작물을 먹어치우는 들쥐의 천적인 족제비를 일부러 방치하고 있는데, 개를 키우면 족제비에게 피해가 가기 때문에 개를 키우지 않도록 하는 것이다.

견원지간, 묘견지간

개와 고양이의 동거를 금지한다.

– 미국 유타 주법 –

개와 고양이를 같이 키우면 반드시 싸움을 하기 때문에 같은 집에서 키워서는 안 된다는 조례다. 그러나 이 지역 주민들은 조례를 제정한 의회에 불만을 토로했다. 이에 의회는 주민들로부터 조례에 대한 지지를 얻기 위해 동물 애호 정신을 존중하는 척도 해보았지만 결국 주민들의 이해를 얻지 못한 채 조례는 계속 남게 되었다.

그러고 보니 일본에도 이런 법률이 최근에 생겼다. 2006

년 4월부터 시작된 PSE법이 그렇다. 이 법은 가전제품 판매 시에 안전기준 충족을 나타내는 PSE마크 부착을 의무화한 법률로 2001년에 시행되었다. 그리고 5년 동안의 유예기간을 거쳐 2006년 4월부터 PSE마크가 없는 일부 가전과 AV기기는 판매할 수 없게 되었다. 중고판매업자는 큰 타격을 입었고 도산하는 곳도 생겨났다. 누구 하나 득을 본 사람은 없지만 법률 혼자 승승장구하며 지금도 남아 있다.

많은 사람들이 이상하다고 생각하면서도 한 번 제정되면 쉽게 바꾸지 못하는 것이 법률인 것 같다.

모래뿐만이 아니라
개와 고양이까지

개와 고양이를 합쳐 10마리 이상 대량 사육할 경우 6개월 이하의 징역이나 30만 엔 이하의 벌금형에 처한다.
— 돗토리 현민에게 민폐를 끼치는 개 혹은 고양이 사육 규제에 관한 조례 제2조 —

벌금뿐이라면 그나마 이해할 수 있을 것도 같지만 개나 고양이를 10마리 키웠다는 이유만으로 징역 6개월이라니! 이런 법률이 일본에 있다는 것을 처음 알게 되었을 때 정말 놀라지 않을 수 없었다.

필자의 지인 중 고양이를 매우 좋아하는 부부가 있는데 이들은 고양이를 11마리나 키우고 있다. 이 법률을 아느냐고 물으니 아니나 다를까 전혀 모르고 있었다. 도쿄에 살고 있는 이들 부부가 최근 이사를 생각하고 있다고 하기에 "돗토리만큼은 안 됩니다. 범죄자가 된다니까요!" 하고 얘기해

주며 한바탕 웃었던 일이 있다.

　한편 도쿄 도 아라카와 구에는 이른바 '고양이 부지'라는 것이 문제가 되고 있다. 원래 이 부지는 각지에서 문제가 되고 있는 쓰레기 부지 중 하나였다. 그런데 이 부지에서 먹이를 찾기 위해 매일 밤 많은 고양이들이 모여들게 되었다. 그러면서 이 고양이들이 남긴 배설물이 쓰레기와 섞여 근처에 악취를 풍기는 등 민폐를 끼치고 있다고 한다. 때문에 이에 대한 규제를 하기 위한 움직임이 나오고 있다.

　이런 피해가 앞으로 각지에서 문제가 되면 돗토리 현과 같은 조례가 여러 곳에서 제정될 수도 있다. 그때 필자의 지인 부부처럼 많은 고양이를 키우고 있는 사람들은 어떻게 해야 할까?

자동차 운전에
부디 조심해 주시길

> 자동차를 운전하고 있을 때 개나 고양이 새, 가축 등을 다치게 했을 경우 그 자리에서 필요한 조치나 치료를 해주고 주인을 찾거나 경찰, 수의사 등에게 연락해야 한다. 그리고 경찰에게 자동차등록번호와 면허증, 보험증 등을 제시해야 한다. 위반자는 초범일 경우 100달러 이하의 벌금, 재범일 경우에는 150달러 이하의 벌금형에 처한다.
>
> – 미국 뉴욕 주 동물보호법 제601조 –

지금까지 계속 이 책을 읽고 계신 분들은 아실 것이라 생각하지만 미국은 다민족 국가이기 때문에, 해도 되는 일과 해서는 안 되는 일을 명확히 구분해 명문화하는 경향이 강하다. 뒤집어서 생각하면 법률로 금지되어 있지 않은 일은 허용되는 경우가 많을 것이라 생각하기 쉽다. 그래서 금지 사항과 처벌에 대해 누가 읽더라도 알기 쉽도록 구체적으로 명시되어 있다.

일본에서는 동물애호법이 1999년에 개정되었지만 "애정을 가지고 애완동물을 돌보며 그 소유자는 애완동물의 일생 동안 잘 돌봐줄 것" "소유자는 사람과 동물과의 공생을 생각하면서 다른 사람의 생명과 신체 혹은 재산을 침해하거나 생활환경에 해를 끼치는 일이 없도록 책임을 지고 사육하고 보호하도록 노력할 것" 등과 같이 커다란 방향이나 틀을 기재하는 데 그치는 일이 많은 것이 특징이다.

대기업 수준의
애니멀 폴리스

**12세 이하의 어린이에게 애완동물을
판매하는 것은 동물에 대한 학대이며 위법이다.**
- 영국 애완동물법 -

영국은 서양의 여러 나라들 가운데서도 가장 먼저 '동물 애호 법률'을 제정한 나라다. '동물에 대한 학대는 범죄'라는 사상이 일찍부터 생겨나 실제로 강력한 권한을 가진 기관(왕립 동물학대 방지협회RSPCA)이 학대를 단속하고 있다.

RSPCA는 애니멀 폴리스라고 불리며 1700명의 직원과 연간 140억 엔(1820억 원)의 예산을 자랑하는 대규모 조직이다. 하루에 이곳에 들어오는 신고 건수가 1000건이나 된다고 하니 그 규모가 정말 보통이 아니다.

영국 법에 따르면 일본의 애완동물 가게는 불법 범죄조직이다. 영국의 애완동물법에 "동물을 쇼윈도에 진열해 놓거나 쇼케이스에 넣어 판매해서는 안 된다"는 조항이 있기 때문이다.

일본에도 서양과 같은 애니멀 폴리스를 만들자는 움직임이 있다. 그러나 개인적으로 "개가 살찌는 것은 주인이 제대로 건강관리를 해주지 않기 때문"이라며 영국처럼 학대로 취급하는 사태는 미안하지만 사양하고 싶다.

비둘기, 그 불편한 진실이란?

비둘기에게 먹이를 주어서는 안 된다.
- 영국 먹이 금지 조례 -

비둘기는 번식기가 정해져 있지 않아 1년에 7~8회나 번식이 가능하다.

수명도 10~20년으로 길기 때문에 비둘기 한 쌍만 있어도 급격히 개체 수가 증가한다. 그래서 몇 마리, 혹은 열 몇 마리, 때로는 100마리씩 큰 무리를 지어서 생활한다. 이 때문에 '다 같이 모여 생활하는 새' '따뜻한 생물'이라는 이미지가 생겨 평화의 상징으로 여겨지게 되었다.

그러나 사실 비둘기는 자신의 영역에 대한 집착이 매우 강해 다른 가족이 자신의 영역에 들어오면 철저히 공격한다. 그 유명한 귀소본능도 자신의 영역에 대한 집착이 만들어 내는 것이다. 또한 배설물의 피해도 커, 그 속에서 번식하는 병원균이 인간의 건강에 악영향을 끼친다. 한 번 자리를 잡으면 인간에게 큰 피해를 주는 새인 것이다.

그러나 세계 여러 곳의 법률을 보면 장소에 따라 비둘기에 대한 대응이 확실히 나뉜다.

미국에는 "비둘기에게 공포감을 주거나 주거지에서 내쫓으려 한 사람은 1개월 이하의 금고 혹은 벌금형에 처한다" (미국 메사추세츠 주법)라는 법이 있다.

집오리도 키우는 법이 정해져 있다

①만일 동물의 저항이 예상될 경우 동물을 옮겨서는 안 된다. 아픈 동물, 상처를 입은 동물 혹은 병약한 동물, 고도의 임신 상태에 있는 동물, 부모에게 의존하는 어린 동물은 특별 관리 없이 옮길 수 없다. ②집오리를 키우는 사람은 오리 전용 수영장을 설치해야 한다. ③개는 매일 필요한 만큼 산책시켜야 한다.

– 스위스 동물보호조례 및 동물애호법령 –

유럽은 동물 애호 의식이 매우 높아 동물에게 거의 인간 수준의 권리를 부여하고 있다. 이탈리아는 개의 산책 횟수를 법률로 정해놓았으며 호주의 경우 고양이 발톱을 자른 주인은 벌금과 최고 징역 1년형이 내려진다.(일본은 오히려 고양이 발톱을 자르도록 권장하고 있다)

일본에 재무성이나 방위성이 존재하는 것처럼 스위스에는 수의성이라는 조직이 존재하며 여기에서 동물애호법령 위반자들에 대한 처벌을 결정한다. 동물을 학대하는 주인이 있을 경우에는 주가 책임을 지고 기소하도록 의무화되어 있을 정도다.

학대라고는 해도 일본인들의 기준에서 보면 당황스러운 경우가 많아 애완동물을 좋아하는 일본인이 스위스로 이주할 경우 상당한 각오가 필요할 것 같다.

애완동물의 공기 조절을 위한 환기팬은 필수며, 고장이 났을 경우를 대비한 예비 환기팬의 설치까지 의무화되어 있을 정도다.

필자도 애완동물을 좋아하고 어릴 때부터 육지거북이나 햄스터, 흰 담비, 모르모트, 고양이, 다람쥐 등을 키웠지만 이런 수많은 법률들을 보니 무서움과 압박감 같은 것이 느껴진다.

눈을 마주쳐서는 안 되는
애완동물

우편배달부는 개와 눈을 마주쳐서는 안 된다.

– 영국 법 –

도쿄 디즈니랜드가 건설되기 전 지바 현 우라야스 시(당시는 우라야스 촌이었다)에 살았던 필자는 그곳에서 중학생 시절을 보냈는데, 이 시기 학교 폭력은 정말 대단했다. 그때까지도 우라야스는 아직 어촌의 모습이 많이 남아 있었다. 그곳에서도 가장 낡고 황폐한 중학교에서 2년이라는 시간을 보냈다.

학교 복도를 걸으며 당당하게 담배를 피우는 학생이 있는가 하면 비상계단에서 누군가 돈을 빼앗기거나 교사가 불량 서클 학생들에게 구타를 당하는 일도 적지 않았다. 그때 경험에서 배운 게 '무서운 사람과는 눈을 마주치치 말자'는 것이었다. 눈을 마주쳤다는 이유 하나로 "뭘 보냐"며 흠씬 두들겨 맞거나 돈을 빼앗기는 일이 많았기 때문이다.

영국의 이 판례법도 그야말로 "뭘 보냐"가 발단이 되어 일어난 사건이기 때문에 생긴 법률인 듯하다. 웨일즈 지방의 한 우편배달부가 배달 중에 요크셔테리어에게 다리를 물려

순간적으로 개를 발로 찼는데 이로 인해 개가 두개골 골절을 입어 죽은 일이 있었다. 이 사건을 계기로 동물애호협회가 나서 "개를 자극하는 일이 없도록 눈을 마주치지 말라"고 정한 것이다.

여러분은 이 법에 대해 어떻게 생각하는가? 만일 필자가 우편배달부고 어느 집 정원에 들어갔는데 개가 있다면 나도 모르게 흘끔 쳐다보게 될 것 같다. 오히려 더 의식을 하게 될 테니 말이다.

들소 한 무리의 음모

살아 있는 버펄로를 시가지에 풀어주어서는 안 된다.
- 미국 캘리포니아 주법 어류 및 조수鳥獸類 규약 -

같은 규약에 "살아 있는 달팽이를 키워서는 안 되며 또한 시가지에 허가 없이 풀어주어서도 안 된다"라는 항목이 있다. 그리고 샌프란시스코에는 "코끼리를 산책시킬 때는 끈을 매야 한다"는 법 조항이 있다. 미국식으로 해석하면 끈만 묶으면 산책시켜도 된다는 소리다.

한편 플로리다 주법에는 "코끼리를 파킹미터(주차 시간 자동 표시기)에 세워놓았을 경우 지불해야 할 요금은 자동차와 같아야 한다"는 규정이 있는데 이것만 보더라도 미국에는 코끼리를 사육하는 사람이 꽤 있다는 것을 짐작할 수 있다.

징그러운 벌레도
위법적인 존재다

대중들이 모여 있거나 왕래하는 장소에서
뱀이나 징그러운 벌레 등을 팔거나 혹은 팔기 위해
진열해서 타인에게 불쾌감을 주어서는 안 된다.
– 한국 경범죄 처벌법 제52호 –

이 법을 위반했을 경우 형사 시설에 구류되거나 벌금이 부과된다고 명기되어 있다. 그러나 사실 한국에서는 뱀 요리가 "정력에 좋다"며 인기를 모으고 있다. 시장 등에는 큰 뱀을 목에 두르고 퍼포먼스를 하며 뱀을 파는 상인도 있다. 엄밀히 말하면 법률 위반이지만 이 법률에는 '쓸데없이 국민들의 권리를 침해하지 않도록' 주의를 주어 적용하도록 명시되어 있다. 따라서 만일 발견된다 하더라도 바로 체포나 벌금형을 받는 것은 아닌 듯하다.

약 10년 전 필자가 처음으로 한국을 방문했을 때 가장 먼저 서울 남대문 시장을 둘러보았다. 돼지 머리를 그대로 쭉 진열하거나 정체를 알 수 없는 고기를 진열해 놓은 가게들이 즐비해 '지역이 다르면 문화도 다르구나' 하는 것을 강하게 실감했던 기억이 있다. 지금 생각해 보니 각종 식용 벌레들도 요리의 재료로 판매되고 있었다.

일본 얘기를 해보자. 유럽 사람들은 일본인들이, '데빌 피시'라고 불리는 문어를 먹는다는 사실 자체가 믿기지 않는다고 한다. 참고로 전 세계 문어 가운데 일본이 소비하는 문어의 양은 60%에 달한다. 한국에서도 문어는 평범한 식재료로 자주 사용되고 있다.

이 맛있는 고기를…

> 이스라엘 영토 내에서 돼지 사육을 금지한다. 발견되면 죽여도 좋다.
> - 이스라엘 -

물론 이 법률은 동물 애호 정신과는 정반대되는 규정이다. 유대교에서 먹어도 되는 동물이 다음과 같이 정해져 있다.

> 지상의 모든 동물 중 먹어도 되는 동물은 발굽이 나뉘어 완전히 갈라져 있고 되새김질하는 동물이어야 한다. 따라서 되새김질만 한다거나 발굽이 갈라져 있기만 한 동물을 먹으면 안 된다.
> - 구약성서 레위기 제11장 -

돼지는 발굽이 두 개로 갈라져 있지만, 되새김질을 하지 않아 '부정한 음식'으로 간주되어 금지되고 있다. 2000년 전에 쓰인 한 구절을 계속 지켜오고 있다는 사실에 놀라는 사람도 많을 것이다. 식습관은 좀처럼 바뀌기 어려운 일이니 계속 먹지 않는 풍습이 유지되고 있는 것도 어쩔 수 없는 일인지도 모른다.

일본의 경우, 675년에 불교의 영향으로 만들어졌던 살생 금지령을 보면 '인간을 닮은 원숭이' '시간을 알리는 닭' '집을 지키는 개' '노동에 쓰이는 소와 말' 등을 죽이지 못하도록 되어 있다. 그러나 돼지와 사슴은 금지 동물에 들어가 있지 않은 것에서도 잘 알 수 있듯이 예부터 돼지고기와 사슴고기는 자주 먹는 고기에 속했다.

고래가
바다에 사는 이유

> 자동차 안에서 권총으로 동물을 쏘는 것은 위법이지만,
> 그 대상이 고래일 경우에는 합법이다.
> – 미국 캘리포니아 주법 –

 자동차가 달리는 곳 근처에 고래가 있을 확률은 거의 없다. 그렇다면 이 법조문의 '자동차'란 물 위에서도 달릴 수 있는 자동차를 말하는 것이 아닐까? 아니면 애당초 불가능한 일은 위법이 아니라는 의미일까?

 법률 세계에서 불가능한 일은 벌할 수 없다. 예를 들어 일본에서는 누군가를 주술로 살해했다 하더라도 처벌할 수 없다. 주술로 사람을 죽일 수 있다는 것이 과학적으로 입증되

지 않았기 때문이다. 당신이 싫어하는 상사의 볏짚 인형을 만들어 머리에 대못을 박은 다음 날 그 상사가 죽었다 하더라도 형사 책임을 물을 수 없는 것이다.

그건 그렇고 이 고래라는 동물은 매일 느긋하고 평화롭게 생활하는 이미지를 가지고 있지만 번식기가 되면 포악해진다고 한다. 그중에서도 흑등고래는 일명 '노래하는 고래'로 잘 알려져 있는데 길게는 30분 동안이나 쉬지 않고 노래할

수 있다. 우주탐사기 보이저1호에 탑재한, 외계 생명체에 보내는 레코드에도 이 흑등고래의 노래가 수록되어 있을 정도다.

  흑등고래의 체중은 평균 3만kg 정도인데, 2007년 최고의 화제를 불러일으킨 요코즈나(최고 등급의 스모 선수) 아사쇼류가 143kg이니 흑등고래의 체중은 아사쇼류의 약 200배인 셈이다.

지바 현에서 발생한
호랑이 소동

발정한 암사자가 도망갔을 경우 이를 죽여도 배상 등의
법적 책임을 지지 않아도 된다.
– 미국 테네시 주법 제44장 8조 411항 –

놀랍게도 1979년까지 도쿄에서도 사자, 호랑이 등과 같은 맹수를 누구나 자유롭게 키울 수 있었다. 물론 신고할 필요도 없었다. 그러나 1979년 8월, 지바의 한 절에서 키우던 호랑이 3마리가 도주하는 '가노산 진야사 호랑이 탈주 사건'이 발생한 이후 이러한 자유가 제한되게 되었다. 당시 중학생이었던 필자도 TV에서 거의 매일 방송되던 것을 보았던 기억이 난다.

당시 이 절에서는 12마리나 되는 호랑이를 사육하고 있었는데, 어느 날 깜빡하고 자물쇠를 채우지 않아 우리에서 3마리가 도주한 것이다. 마침 절에는 고등학생 62명과 교사 5명이 숙박을 하고 있었기 때문에 그야말로 위기일발의 상황이었다. 3마리 중 1마리는 스스로 우리로 돌아왔지만 나머지 2마리는 행방불명되었다.

도주 이틀 후 1마리가 사살되었는데 이때 호랑이 애호를 외치는 절의 주지승 발언에 엽우회(수렵협회)가 한때 들고 일어나는 사태가 벌어졌다. 이 부근의 우편배달도 중지되었고 봉오도리(밤에 많은 남녀들이 모여서 추는 윤무-옮긴이)도 중지되었다. 일을 할 수 없게 된 산림 벌채업자 40명이 직업을 잃는 등 그 지역 일대에 큰 영향을 주게 되었음에도 불구하고 공공연하게 호랑이 애호를 주장하던 주지승에 대한 비판이 날로 더 거세졌다.

도주한 지 한 달이 조금 지나서 남은 1마리도 겨우 사살되어 사건은 일단락되었다. 이 사건이 있은 뒤 도쿄에서는 '사자와 호랑이의 사육'을 신고·허가제로 바꾸었다.

맺음말

법률은 생활과 가치관의 결정체!

'세계 엉뚱한 법률 여행'이 어떠셨는지? "이런 법률이 어떻게 생겨났을까?" "이상한 법률이라고 생각했는데 그런 배경이 있었던 거구나. 이해가 된다" 등 다양한 소감이 있지 않을까 생각한다. 참고로 호주에는 평일에는 평범하게 생활하면서 주말에만 복역하는 일시 복역 제도도 있다. 이 정도라면 회사원들도 괜찮지 않을까? 뭐 복역을 하고 싶은 건 아니지만.

엉뚱한 법률들의 성립 과정에도 다양한 종류가 있었다. 시간이 흐르며 시대에 뒤처지는 법률이 되었는데 폐지되지 않고 수십 년 수백 년 동안 그대로 남아 있는 법률, 반대로 너무 시대를 앞서가 지금의 우리로서는 판단하기 힘든 법률, 한 명의 독재자가 마음대로 정해버린 법률 등이 있었다.

이런 이상한 법률들을 포함한다 하더라도 역시 법률은 각 지역의 생활과 가치관이 응축된 결정체라고 생각한다. 크게 보면 '인생을 어떻게 살아가야 하는가?'에 대해서도 법률로 생각해 볼 수 있지 않을까? 해야 할 일과 해서는 안 될 일이 쓰여 있는 것이니 말이다.

  앞으로도 전 세계 곳곳에서 엉뚱한 법률은 계속 만들어질 것이다. 그리고 그것을 모아 언젠가 독자 여러분들 앞에 다시 내놓게 될 날을 기대한다.

모리타 노리오